百部青少年爱国主义教育读本

红·色·电·影·系·列

開天闢地

张敏杰◎主编

團結出版社
UNITY PRESS

图书在版编目（CIP）数据

开天辟地 / 张敏杰编著. -- 北京 : 团结出版社，2013.2（2021.6 重印）
（百部青少年爱国主义教育读本. 红色经典电影系列）
ISBN 978-7-5126-1511-3

Ⅰ. ①开… Ⅱ. ①张… Ⅲ. ①爱国主义教育 - 中国 - 青年读物②爱国主义教育 - 中国 - 少年读物 Ⅳ. ①D647-49

中国版本图书馆 CIP 数据核字（2013）第 022915 号

红色经典电影系列·开天辟地

出　版：团结出版社
（北京市东城区东皇城根南街 84 号　邮编：100006）
电　话：(010)65228880　65244790
E-mail：65244790@163.com
经　销：全国新华书店
印　制：三河市信达兴印刷有限公司

开　本：710×1000 毫米　1/16
印　张：11
字　数：140 千字
版　次：2013 年 3 月　第 1 版
印　次：2021 年 6 月　第 2 次印刷

书　号：ISBN 978-7-5126-1511-3
定　价：36.00 元

写在“百部青少年爱国主义教育读本”书前

中国人民大学中共党史系主任、博士生导师
中国中共党史人物研究会副会长
杨凤城

十年树木，百年树人。

对青少年进行爱国主义教育需要从长计议。今天的信息技术还在高速发展中，传播速度极为惊人，世界范围内的各种思想文化在人们的精神世界中相互激荡碰撞。弘扬和培育以爱国主义为核心的民族精神，是国民教育的重要任务，务必在精神文明建设过程中一以贯之，不容忽视，更不得有一丝松懈。

大处着眼，一个民族的精神必须适应时代发展的潮流，跟得上历史进程的趋势。小处着手，爱国主义教育尤其是对青少年的爱国主义教育工作，务必落实下来，落到实处，并且需要一个饶有兴味的形式呈现出来。惟其如此，爱国主义的精神气脉才能入乎眼耳，存乎心胸，真正成为个体生命的一部分。

中国人民百年来反对外来侵略和压迫，反抗腐朽统治，争取民族独立和解放，前赴后继，浴血奋斗的精神和业绩，可谓感天动地；中国共产党领导全国人民为建立新中国而英勇奋斗的崇高精神和光辉业绩，可与日月同辉。中国历史上尤其是中国近现代史上涌现出的著名爱国者、民族英雄、革命先烈和杰出人物，以及新中国成立以后涌现出的许许多多的英雄模范人物，他们是青少年爱国主义教育中最新鲜、最活泼、最具说服力的素材。

因此，对青少年推进行之有效的爱国主义教育，要突出和加强中国近现代史，尤其是中国共产党诞生之后的革命主题和红色主旋律的宣传。

“百部青少年爱国主义教育读本”系列丛书，以“弘扬红色主旋律”、“结合现实问题”为原则进行编写，紧紧围绕爱国主义教育的核心价值体系——爱党、爱祖国、爱社会主义，从历史到现实，从物质文明到精神文明，从自然风光到物产资源，对最广大的青少年进行丰富多彩、生动活泼的爱国主义教育，可谓正当其时，难能可贵。

眼前的系列读本，不禁让人眼前一亮，心生喜悦。编著者极力求其“真”——尊重史实的前提下，用生动活泼的语言讲述一个个真实可感的故事；尽力得其“趣”——饱含深情的语句让人物、事件在书中“活”了起来，“动”了起来，革命前辈的精神气息、信念品格扑面而来，感染着我们，感动着我们；竭力求其“美”——体例结构精心设计，又有大量珍贵历史图片资料作为辅助，更符合青少年的阅读习惯。一项项尽心尽力的创意和编辑工作，充分保证了这一系列读本的阅读价值。

寄望能通过快乐的阅读、有效的阅读，让孩子们的心灵之镜更明亮，让年轻一代的精神家园更加美好！

是为序。

2012 年 9 月 26 日

目录
Contents

开天辟地

马克思主义万岁！中国共产党万岁！世界劳工万岁！中国万岁！

——中国共产党宣告成立后，代表们低沉有力呐喊道

影片档案

年份：1991 年

黑白 / 彩色：彩色

出品：上海电影制片厂

编剧：黄亚洲、汪天云

导演：李歇浦

制片：柴益新

摄影：沈妙荣、朱永德

作曲：杨矛

剪辑：陈慧芳、钱丽丽

主演：邵宏来 饰演 陈独秀　佟瑞欣 饰演 许德珩

孙继堂 饰演 李大钊　孙　滨 饰演 孙中山

王　霙 饰演 毛泽东　翟万臣 饰演 戴季陶

夏正兴 饰演 邓中夏　宋忆宁 饰演 宋庆龄

啜二勇 饰演 张国焘　郭华伟 饰演 周恩来

侯天来 饰演 李汉俊　苏　克 饰演 蒋介石

荣耀

本片是为纪念中国共产党成立70周年而拍摄。这部电影史诗化全方位地展现了中国共产党建党的伟大历史事件；以恢弘磅礴的气势、丰富深邃的内涵，描绘了一幅绚丽的历史画卷，是新中国银幕上第一次展现七十年前创建中国共产党的雄伟画卷。

本片荣获中宣部第一届“五个一工程”优秀故事片奖，广电部1991年优秀影片奖，第十二届中国电影金鸡奖故事片特别奖和最佳剧本奖。

人物：陈独秀·李大钊

陈独秀

◎陈独秀

陈独秀（1879—1942）中国共产党的创始人和早期领导人。原名乾生，字仲甫，号实庵，安徽怀宁十里堡人。1915年9月在上海创办《新青年》，揭开了新文化运动的序幕。1918年与李大钊等创办《每周评论》。1919年领导五四爱国运动，成为五四运动的主要领导人。

五四运动后，陈独秀接受了马克思列宁主义，并与李大钊酝酿组建中国共产党。1920年2月到上海，陈独秀深入工人群众开展建党活动，6月创建上海早期共产党组织，任书记，并推动各地建立党组织。

1921年7月份在共产国际的帮助下，陈独秀发起成立了中国共产党，成为党的主要创建人之一。

李大钊

◎李大钊

李大钊（1889—1927）中国无产阶级革命家。中国最早的马克思主义者，中国共产党的创始人和早期领导人。原名耆年，字守常，直隶乐亭（今属河北）人。1913年毕业于天津北洋法政专门学校。1914年去日本早稻田大学政治本科学习。

1916年5月回国，李大钊任北京《晨钟报》总编辑、《甲寅》日刊编剧，参加新文化运动。1918年人北京大学经济、历史等系教授，兼北大图书馆主任，并参加《新青年》编辑部工作。

1920年与陈独秀开始酝酿组建中国共产党，3月组织北京大学马克思学说研究会，会见共产国际代表维经斯基，商讨并筹建中国共产党，负责领导共产党在北方地区的全面工作。

历史背景

第一次世界大战结束之后，英、法、美、日、意等国家于1919年1月在巴黎召开“和平会议”。中国北洋政府在人民的压力下向和会提出希望帝国主义放弃在华特权，要求取消“二十一条”，收回被日本夺去的原德国在山东的权利，但遭到与会的帝国主义国家拒绝，北洋政府屈服于帝国主义列强的压力，竟准备在这个丧权辱国的和约上签字。

消息一经传出，举国一片哗然。

1919 年 5 月 4 日，五四爱国运动爆发。6 月 28 日，中国代表团拒绝在和约上签字。五四运动就是中国由旧民主主义革命转变为新民主主义革命的转折点。以李大钊、陈独秀为代表的先进分子开始在中国传播马克思主义。1921 年 7 月 23 日中国共产党第一次全国代表大会胜利召开。这次会议通过了中国共产党纲领，确定党的名称为“中国共产党”。

光影故事

一

自 1840 年鸦片战争以来，中国近代史是一段悲壮而沉重的历史，她背负着中国人民在帝国主义、封建主义压榨下的无穷无尽的苦难,也记载着勇敢顽强的中华儿女一次又一次血洒华夏大地的英勇抗争。然而腐败的封建王朝和帝国主义相勾结，签订了一系列丧权辱国的卖国条约。国破人亡，民族垂危，中国向何处去？谁能救中国？一代又一代志士仁人面对混沌的苍穹发出这样悲怆的呐喊!

◎《开天辟地》电影海报

1918 年 11 月，第一次世界大战以德国战败而宣告结束，作为协约国成员的中国也沉浸在欢庆当中。德国列强强加在中国土地上的耻辱标志克林德碑被推倒了。亿万中国

◎油画：《五四运动》

人民，祈求公理胜利，强权失败。然而公理没有真正的战胜强权。

1919 年 1 月 18 日，协约国首脑聚首巴黎，召开和会。帝国主义不顾中国人民的再三呼号，于 4 月 30 日悍然决议将德国在中国山东的权益转让给日本，而北洋政府竟然准在这份不公正和约上签字。1919 年的 5 月，四万万中国同胞对北洋政府祸国殃民的不满已经到了极点。

月色下的北京大学广场上，一群学生聚集在一起。当黄凌霜把中国巴黎和会失利的消息公布时，群情激昂，同学们振臂高呼："不做亡国奴！还我青岛！还我山东！"人民对帝国主义愤恨的口号回荡在广场上经久不散。

北京大学法科礼堂汇集着着千余名学生，邓中夏、张国焘分别在讲台上做了激昂的演讲。接着张太雷满含热泪地站在长板椅上："决不能做亡国奴！要是中国真的亡了，我，我宁愿去死！"学生们高呼："对，决不能做亡国奴！"这时场内一片哭泣声。

谢绍敏忍着哭，跳到长椅上，大喊一声："哭有什么用！"说着，

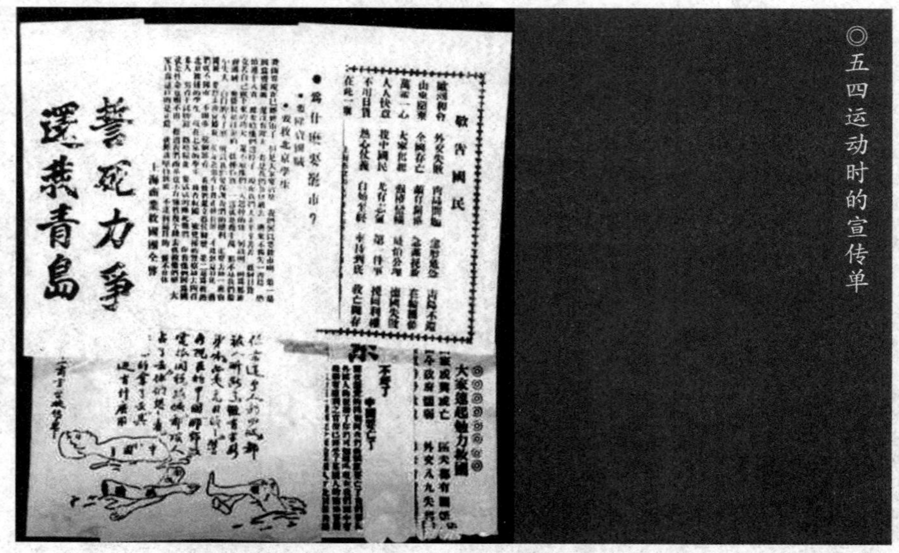

◎五四运动时的宣传单

“哗啦”一声，撕裂长衫，咬破中指，在衣襟上书上“还我青岛”四个大字。人群中，罗家伦振臂高呼：“外争国权，内惩国贼！”顿时会场里口号声响成一片。黄凌霜举起血书，大声疾呼：“还我青岛，示威去，游行去，我们赶快行动！”

刘仁静激动地站在台上说道：“同学们，为筹备明日游行，请大家捐助。”顷刻，人群拥向主席台边，银元、钞票、铜板纷纷扔到台上。这时，戴着金丝边眼镜的北京大学图书馆主任李大钊步入会场，目睹这情景深深感动。他伸手入怀，掏出镀金怀表，交给了邓中夏。邓中夏忍住泪水，深深鞠躬：“谢谢李先生。”李大钊的眼眶似乎也湿润了，深情地说：“谢谢你们，谢谢同学们！”

1919 年 5 月 4 日。三千多名学生在天安门广场集会，抗议帝国主义列强在“巴黎和会”上把山东从德国手中转让给日本的强权统治。高呼“外争国权，内惩旧贼”、“取消二十一条”等口号。而此时总统府宴会厅内，大总统徐世昌正忙着宴请驻日公使章宗祥。交通总长曹汝霖、京师警察总监吴炳湘也在座。

学生示威队伍来到了赵家楼，火烧了国贼曹汝霖的住宅。学生们高呼："打倒卖国贼，交出曹汝霖！"这时，军警和骑兵从前后两方将游行队伍围住。顿时，学生和军警扭成一团。势单力薄的学生多人受伤，吴炳湘率领的军警当场抓走许德珩等各校学生 32 名。

当得知这一悲惨消息后，社会各界纷纷通电强烈要求北洋政府释放被捕学生。以蔡元培为首的北京各大院校的校长们也四处奔走，全力营救。北洋政府被迫释放了 32 名学生。为了声援被捕的学生，北京各院校于 5 月 19 日实行总罢课。北京大学学生奔赴全国演讲，广泛动员民众。

上海沪南公共体育场内，数千名群众在此集会。写有"声援北

◎图为北京高师被捕学生返校时受到热烈欢迎

中華民國八年五月四日北京學界遊街大會被拘留之北京高師愛國學生七日返校時攝影

京”、“欢迎北京大学南下学生来沪”的横幅和各种标语不断挥动。台下人山人海，革命先驱孙中山先生也在场。

许德珩高呼：“同胞们！同学们！我们要御外侮救中国，靠谁？当然不能靠腐败的卖国的军阀政府，要靠我们民众自己……孙中山先生的革命不算是彻底，我们要做彻底的革命！”话音刚落。站在台下的孙中山带头鼓掌。众人回头，发现孙中山。许德珩看到场下的孙中山时，顿时愣住了。孙中山笑着说道：“我们领导的革命，倘若早有这样的同志参加，就一定能成功。”众人为孙中山的宽容大度钦佩不已，大家不由自主地鼓起掌来。

◎上海学生在街头进行爱国宣传

◎上海商界罢市后在街头游行示威

一辆汽车快速地在上海街头行驶着，孙中山和戴季陶在车上谈着这次南下遇到的事情。孙中山对戴季陶说他很喜欢那些热血青年，并嘱咐戴季陶替自己约个时间和他们谈谈。就在这时前方忽然一阵骚乱，交通阻塞。沿街挂着“工人罢工，学生罢课，商人罢市”的巨幅标语。

原来，从6月初开始，上海举行了学生罢课，工人罢工，商人罢市的三罢斗争。声势浩大的政治罢工，标志着中国工人阶级首次以独立姿态登上了历

史舞台。

陈独秀来到李大钊家内与他商量营救学生的事情。此时，陈独秀坐在屋子一边抽着雪茄，满面愁容。李大钊与他商量着采用发放《北京市民宣言》方法，用舆论迫使北洋政府释放被抓的学生，陈独秀表示非常赞同。李大钊顺势提出了让陈独秀试着接受马克思主义的主张，但是陈独秀却淡淡地说：“以后再说吧!”

第二天，李大钊、王星拱、陈独秀、高一涵分头行动，发放传单。陈独秀在新世界游乐场顶层，撒下大把传单。一时间传单如雪花飘落，众人争抢。陈独秀像孩子般兴奋、得意，不想却因此被早就守候在游乐场外边的警察将他抓了起来。

1919 年 6 月 11 日晚，新文化运动的首倡者和主将、《新青年》杂志的主编陈独秀在北京新世界游乐场散发《北京市民宣言》时被捕。第二天，北大诸位教员，新文化运动的倡议者们聚集在一起，商议怎么解救陈独秀。胡适积极托关系救人。李大钊提议，在全国造势，靠社会舆论营救陈独秀。紧接着，各省主要报纸相继评论。教育界、舆论界纷纷谴责政府破坏学术思想之自由。在上海，孙中山召见徐世昌驻上海代表徐世英，这次会面让孙中山很失望，二人不欢而散。

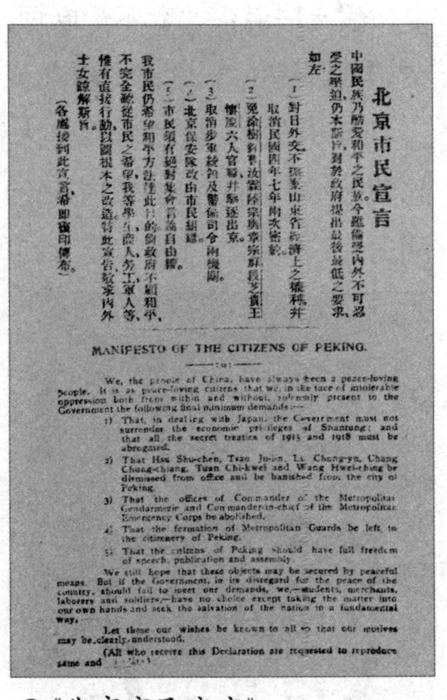

北京市民宣言

中國民族乃酷愛和平之民族。今雖備受內外不可忍受之壓迫，仍本斯旨，對於政府提出最後最低之要求如左：

(1)對日外交，不拋棄山東省經濟上之權利，並取消民國四年七年兩次密約。

(2)免除徐樹錚、曹汝霖、陸宗輿、章宗祥、段芝貴、王懷慶六人官職，並驅逐出京。

(3)取消步軍統領及警備司令兩機關。

(4)北京保安隊改由市民組織。

(5)市民須有絕對集會言論自由權。

我市民仍希望和平方法達此目的，倘政府不顧和平，不完全聽從市民之希望，我等學生、商人、勞工、軍人等，惟有直接行動，以圖根本之改造。特此宣告，敬求內外士女諒解斯旨。

(各處接到此宣言，希即復印傳布。)

MANIFESTO OF THE CITIZENS OF PEKING.

We, the people of China, have always been a peace-loving people. It is as peace-loving citizens that we, in the face of intolerable oppression both from within and without, solemnly present to the Government the following final minimum demands:—

1) That, in dealing with Japan, the Government must not surrender the economic privileges of Shantung; and that all the secret treaties of 1915 and 1918 must be abrogated.

2) That Hsu Shu-chen, Tsao Ju-lin, Lu Chung-yu, Chang Chung-chiang, Tuan Chi-kwei and Wang Hwei-ching be dismissed from office and be banished from the city of Peking.

3) That the offices of Commander of the Metropolitan Gendarmerie and Commander-in-chief of the Metropolitan Emergency Corps be abolished.

4) That the formation of Metropolitan Guards be left to the citizenry of Peking.

5) That the citizens of Peking should have full freedom of speech, publication and assembly.

We still hope that these objects may be secured by peaceful means. But if the Government, in its disregard for the peace of the country, should fail to meet our demands, we,—students, merchants, laborers and soldiers,—have no choice except taking the matter into our own hands and seek the salvation of the nation in a fundamental way.

Let these our wishes be known to all so that our motives may be clearly understood.

(All who receive this Declaration are requested to reproduce same and [illegible])

◎《北京市民宣言》

李大钊看到每周评论上胡适写的《多研究些问题，少谈些主义》后，很是气愤，决定写文章回应。李大钊跟着妻儿回到了乐亭乡下，在昌黎五峰山，写下了著名的《再论问题与主义》一文，反驳胡适。

问题与主义之争，是马克思主义在中国传播过程中出现的第一次思想论战。

二

1919 年 9 月 16 日，北洋军阀慑于全国的抗议浪潮，在囚禁陈独秀三个月后，被迫将他释放，但仍将他置于严密的监视之下。蔡元培、李大钊、胡适及众师生到监狱门口迎接。陈独秀向蔡元培请辞文科校长一职，他说：“我请辞文科学长一职，我对不起北大，给校长和大伙儿添了麻烦。”

蔡元培说：“我不怕麻烦，你怕什么？北大，为由有陈仲甫而光荣。”蔡元培的一席话引起众人一片掌声。

回去路上，陈独秀对李大钊的《我的马克思主义观》十分钦佩。陈独秀对于胡适在《每周评论》上发表的文章感到非常不满，他告诉胡适说：“你和守常（李大钊的字）都是新文化运动的干将，他宣扬马克思学说；你鼓吹实验主义。这好比是一面鼓，鼓面也敲，鼓帮也敲，混乱不堪！年轻人将无所适从。”于是他并决定以后《新青年》以后由他一人主编。

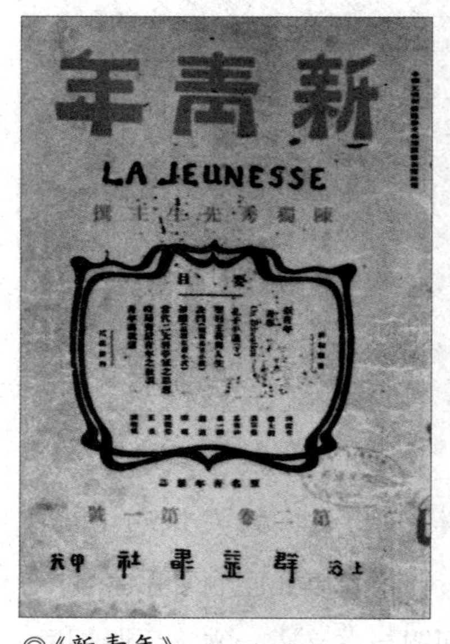

◎《新青年》

为了继续宣传布尔什维克主义，陈独秀和大家一起商量《新青年》的编辑方针。他决定从第七卷开始，《新青年》不再轮流主编，由他自己一个人编辑，这样就可以更好地向广大青年学生和有志之士传播马克思列宁

主义先进学说。

在五四运动后的新文化运动中，出现了宣传社会主义的热潮。与社会主义思潮相关联的社会团体大量涌现，天津的觉悟社和以山东济南第一师范的进步学生为基础的励新学会，都是当时很活跃的团体。

在天津三戒里 4 号觉悟社的会议上，周恩来神情严肃地告诉大家："赵钱孙李，周吴郑王，这是什么？这是封建符号，生命一降世，便有家族、宗法的绳索套上来，这无疑是悲哀的！我们觉悟社的全体成员作为新世纪的创造者，首先要具有反叛精神。今天，我们就来废除姓氏，互相以秘密代号相称。"说完之后，他就将一大把纸阄扔进铜盆里。

这时马俊给众人分发竹筷，拿到竹筷的同学纷纷将筷子伸进铜盆里夹出一张纸阄。邓颖超幸运地抓到 1 号，她高高兴兴地把抽到的纸阄展示给大家。周恩来则抽到 5 号，他高兴地对大家说道："我是 5 号，今后以代号相称，大家都叫我伍豪吧。"

◎觉悟社旧址

◎时任北京大学图书馆主任的李大钊

紧接着，他们请李大钊到南开学校礼堂作演讲。李大钊慷慨激昂地说道："从1840年鸦片战争以来，一切痛心疾首的中国人，一切有良知的中国人，谁不在苦苦的寻找救国救民之道路？而政府又是如何回答我们的呢？刺刀，刺刀，还是刺刀！"坐在讲台下的同学们听了之后，纷纷表示要与反动的北洋政府斗争到底。

看着台下的群情激奋的人群，李大钊继续说道："你要爱国，他要卖国，你要救国，他要卖国！那些军阀，那些官吏，那些文物豺狼，哪个不是忙着和外国人相互勾结。他们卖土地，卖资源，卖主权，卖良心中饱私囊。百姓在呻吟！山河在破败！国土在沦丧！我们再不奋起去救国救民，怎么对得起我中华民族的列祖列宗？又怎么对得起中华民族的子孙后代？"

李大钊一番慷慨激昂的演讲感动了在场所有人，包括被派来监视他的军警。这个被派来监视李大钊的军警痛哭流涕地说道："先生，你今天唤醒了我，我也是爱国的呀！"听到这里，周恩来率先站起来鼓掌，大家被这个迷途知返的军警的话所感动，全场一下子掌声如雷。

李大钊继续演说道："我很受这位青年的感动，在座的青年同学们只要有满腔的热血，何愁没有民族振兴的一天那？"这时，南开大学

校长边鼓掌边走到讲台前：“李先生，能不能请您换个地方演讲?”李大钊跟着校长来到阳台前，俯身下看，阳台下面密密麻麻挤着几千学生。李大钊激动不已，他又开始了激情的演讲。

在以李大钊为代表的先进知识分子努力下，马克思主义在中国的传播步入了一个新的阶段。民主革命运动在激烈地运行，人民在不断地觉醒。全国各地的民众大规模地开展了抵制日货运动。1919年11月16爆发了震惊全国的福州惨案；11月23日上海三万民众集会声援抵制日货；11月24日，天津千名学生游行；11月29日，北京五千名学生示威游行……这一系列爱国行动再次引起军阀政府的恐惧。

1919年12月，数以千计的群众聚集在长沙市教育会坪，焚烧日货。张敬尧下令，加大力度镇压烧毁日货的民众。残忍的参谋张敬汤带人抓走示威群众，并将人活活烧死在地牢中。

以毛泽东为首的湖南驱张请愿团代表们来到京城，请求政府罢免张敬尧。毛泽东义愤填膺地说道：“张毒不除，湖南无望。张毒暴行又引起了全国的瞩目！只要我们联络各界，奔走呼号，北洋政府就不得不挥泪斩马谡。到那时，张敬尧滚出湖南的日子绝

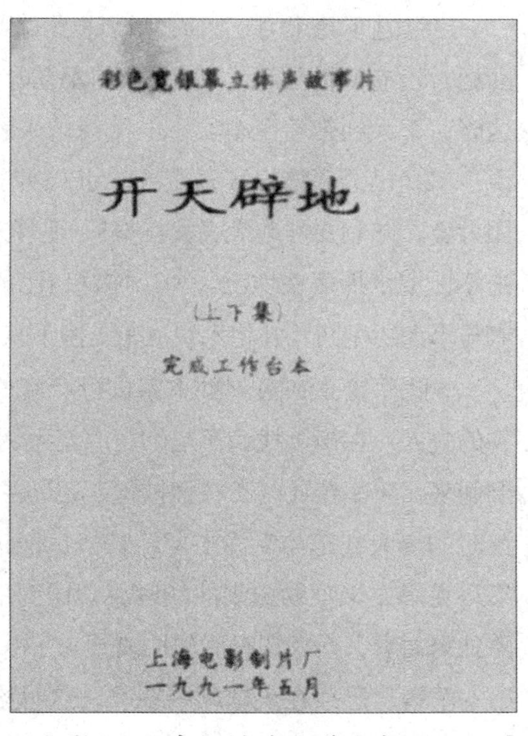

彩色宽银幕立体声故事片

开天辟地

（上下集）

完成工作台本

上海电影制片厂
一九九一年五月

◎电影《开天辟地》完成工作台本

◎《开天辟地》电影海报

不会远了。”大家高兴地欢呼起来。

已经过了几个月了，湖南请愿团的代表们还在等待徐世昌政府的回话。没有炭的雪天，冷清、破落的庙宇内，请愿团的人心灰意冷。这时，李大钊带着两车炭和一筐辣椒来看望请愿团的人，并鼓励他们说：“我已经联络好了，明天北京八所学校要联合举办慰问驱张代表团大会，你们要推选代表发言呀！”毛泽东一怔，异常感动，他侧过脸去不让泪水掉落在地上。为了掩饰自己的眼泪，他招呼代表团的成员们与李大钊见面，并将木炭从车上搬下来。

一队军警正在对陈独秀家进行严密的监视。焦急的高君曼（陈独秀的夫人）在街上找到了赵纫兰（李大钊的夫人），告知她陈独秀下午要回来，可军警此时正在搜捕他。赵纫兰赶紧跑去找李大钊商量对策。此时的李大钊正与毛泽东促膝长谈，他认为经济基础问题的解决必须靠马克思主义唯物史观才能解决。谈到中途，高一涵跑了进来，告知陈独秀之事，李大钊听后匆忙离开。

军警早已经在火车站内戒严，这时旅客们纷纷出站。李大钊用钱买通军警，进入车站。化装好的陈独秀在李大钊和高一涵的掩护下，

安全出了火车站。为安全起见，李大钊安排陈独秀暂避在王星拱家里。并建议陈独秀从天津乘船前往上海暂避。

深夜，赵纫兰在灯下缝补衣服，李大钊在满屋子翻找着什么东西。赵纫兰担心地问道："你一定得自己去吗？"李大钊郑重地点点头，缓缓坐到床边说道："纫兰，再过几天就是腊月二十八了吧？我算计着，咱们俩在一起，整整十一年了。"

赵纫兰瞥了他一眼："葆华都九岁了。"李大钊继续说道："说了多少回要陪你去趟八达岭，可到今天也没去成，不怨我吧？"赵纫兰放下针线，望着他，默默不语地将一盒胃药放进包裹说道："腊月二十八，我包好饺子等你，你自己路上多保重。"李大钊点头答应着，收拾好东西后，连夜将陈独秀送出了北京城。

在杨家四合院里，毛泽东与杨开慧讨论着李大钊提出的"马克思主义"，并表示出了他对马克思主义极大的兴趣与向往。毛泽东高兴地说道："刚开始，我觉得工读主义、巴古宁的团体无政府主义，克鲁鲍特金的互助论很好，后来我又觉得马克思主义学说不错，俄罗斯革命有理。胡适先生说烧炭注意多研究问题，而我又跟着排列中国的问题。"杨开慧用佩服的眼神望着毛泽东。

毛泽东接着说："我现在对于种种主义、学说，实在是没有一个明确的概念，我也不知道该怎么办，所以我现在感觉非常苦恼。"说完，痛苦地闭上眼睛。他告诉杨开慧，在别人面前，自己从不说这些话。

听完毛泽东的诉说，杨开慧说道："润之，我听说你在长沙一师读书的时候有个外号叫毛奇，爸爸在世的时候也常说，润之是个奇才，奇才大略，将来必建奇功。"杨开慧接着告诉毛泽东，自己父亲反对他们俩结婚主要是因为自己年龄太小。

杨开慧又问毛泽东下过跪没有，毛泽东愣了愣说，自己从不跪人。杨开慧深情地说道："如果为了我父亲的缘故呢？"她用期待的目光望

◎杨昌济

着毛泽东。毛泽东郑重地走到杨昌济（杨开慧的父亲）遗像前深情地叫了声“老师”后屈膝跪下。杨开慧也跟着跪在父亲的遗像前。这时，杨开慧的母亲出现在门口，她激动地哭了起来，良久，才扶起毛泽东，欣慰地看着他。

路上的李大钊与陈独秀虽然遭遇危险，但很快被一个叫陶二娃的工人所救，顺利出城。皑皑白雪覆盖着大地，原野上点缀着几颗枯树，骡车在缓缓走着。陈独秀忧郁地说道：“唉，穿这身行当，实在不是滋味。”李大钊乐观地说道：“据说列宁回国时，也是化了装的。”陈独秀笑着说道：“是啊，看来，走俄式道路，都得化装呢！”他们两人笑起来。

李大钊接着说：“组建一个强固而精密的党，是中国走俄式道路的必经之路，你说呢？”陈独秀赞同道：“是啊，孙中山先生已经在上海重新改组了国民党。”

李大钊继续诉说：“依孙先生那个建国大纲，并不能叫工农阶级坐天下，靠他那个国民党的方针策略，也无法发动俄式革命。我们必须要筹建自己的政党，一个真正劳动者的党。”陈独秀激动地说道：“守常，我是一个敢于行动的人……”他表示一定要行动起来，建立一个工农自己的政党。

李大钊赞许地说道：“仲甫，你牵个头，抓点紧，国家形势如此，已经时不我待了。”

陈独秀自信地告诉李大钊说：“上海是中国产业工人聚居之地，可以大有作为，我极有信心。就这样吧，我到上海发动南方，你在北京发动北方。”李大钊高兴地说道：“好，一言为定。”于是他驾驶着骡车在雪野中渐渐远去。

三

1920年2月，在李大钊的鼎力相助下，陈独秀安全离开北京，从天津乘船，南下上海。南陈北李，相约建党，一个尽速在中国组建工人阶级政党的宏伟战略，开始付诸实践。

为了欢送第二批新民学会会员赴法勤工俭学，同时也为了联络驱张力量，1920年5月，毛泽东从北京抵达上海。上海外白渡桥，行人济济。毛泽东穿着白色长衫，手中挟一把油伞，走在上海的街头。只见码头上的苦力们抬着煤筐，沿着山上上下下。他们一边叫着号子，一边走着，脸上刻着常年劳作的烙印。这一幕中国劳苦工人的悲惨劳作的场面清晰地展现在毛泽东面前。

◎1920年5月8日，毛泽东等新民学会部分会员在上海半淞园聚会，欢送次日赴法勤工俭学的会员

毛泽东顺路来到老同学李中所在的造船厂，向他询问关于陈独秀先生的消息。李中向毛泽东讲述了关于陈独秀在上海发动工人阶级的详情，并告诉毛泽东：“陈先生这几个月特别关心工人运动，并且已经开了好几个会了，下午还有个演讲会，在沪西翻砂厂。”他表示会带毛泽东去见陈独秀。

到了沪西翻砂厂的车间，只见几百个工人聚集在那里聆听陈独秀的演讲。陈独秀意气风发地说道：“诸位工人师傅们，我们大家都知道自己的力量吗？平时我们聊天的时候，总是说我们自己不过是小小的工人，能有什么力量。我看不对，史上最有用最尊贵的不是皇帝，不是做官的。而是你们，”工人们被陈独秀慷慨激昂的演讲所鼓舞，激动热烈地鼓起掌。

陈独秀又继续说：“你们想想，大家吃的、穿的、住的、用的、哪样不是我们做工的种田的做出来的？你们是社会的栋梁、台柱子！没有你们，便没有世界。”这时，大批军警突然涌进车间，意欲逮捕陈独秀和工会代表。在工人们的掩护下，陈独秀得以安全离开。

老渔阳里陈独秀宅内，陈独秀斜靠在躺椅上。《星期评论》主编戴季陶和李汉俊，默然坐在靠背椅上，两人对望一下，戴用眼色示意李汉俊开始说话。

星期评论

◎当时的《星期评论》刊物

李汉俊缓缓开口：“仲甫，我依旧提这个意见，我们时下主要精力，还是应该放在该社会主义的实实在在的研究上，过分鼓吹民众，徒然暴露自己，反而不利。”戴季陶附和着说：“是啊，我觉得工农起来了，会吓跑资产阶级的。”

陈独秀放下烟，眼一瞪：“你们都

◎陈独秀故居——渔阳里2号

是些半截子革命，革命党的深厚基础在于工农，如鱼之于水，水波不兴，鱼何为焉？不是鱼死，就是网破。”话音一落，三人都默不作声。不一会，戴季陶、李汉俊两人便告辞离开。

上海高昌庙路半沪园，一群来自湘江岸畔的赴法新民学会会员们在这处风景园林聚会。萧子璋困惑地说：“润之，明天跟我们上船一同去法国，大家说怎么样啊？”众人呼应道：“对，就是嘛！”毛泽东摇摇头，坚定地说道：“我不去，我不去。”萧子璋疑惑地问道：“名单上本来就有你嘛！”

毛泽东坐下轻轻说道：“第一，毛泽东不懂洋文，怕学不到东西；第二，你们大家都走了，我留下来也不是说没有什么事情可做。”

“那你干什么？”众人问道。看着众人疑惑的眼神，毛泽东幽默地回答道：“我向泥腿子学习，我们湖南还是农民多嘛，我们中国也是农民多嘛。”大家在湖南，学习很诚恳，到了法兰西，好学风务必要保持，我有个建议，无论到什么地方，只要有三名以上的会员，就要组织起学术谈话会，交换知识，养成好学的风气。”众人点头答应。随后，赴法新民学会会员与毛泽东等人一起合影留念。

毛泽东在李中的帮助下很快便见到了在印刷厂的陈独秀。陈独秀介绍陈望道给毛泽东认识，并告诉他陈望道刚刚翻译出《共产党宣言》第一个中文全译本，就要排版了。毛泽东感到非常高兴，当他看到《共产党宣言》红色封面的时候，好像看到了革命的烈火已经熊熊燃烧起来了。

毛泽东和陈独秀一见如故，他们热烈地商谈共产主义理想。陈独秀的一番谈话激起了毛泽东的革命热情，他表示愿意接受陈独秀的嘱托，在长沙筹组一个俄罗斯研究会。当毛泽东得知《共产党宣言》已经翻译校对完成的时候，他以求知若渴的热情向陈独秀请求将《共产党宣言》“连夜借读，明日归还”。陈独秀爽快地说道：“何言借字，我们这儿有好几份校对稿，拿一份去就是了。”于是，他交给毛泽东一份校对稿。

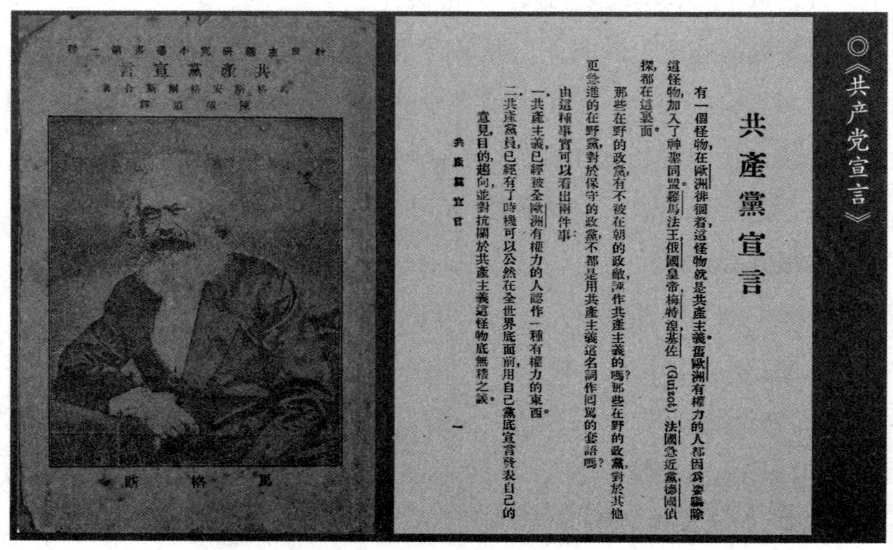

共產黨宣言

有一個怪物，在歐洲徘徊着，這怪物就是共產主義。舊歐洲有權力的人都因爲要驅除這怪物，加入了神聖同盟。羅馬法王，俄國皇帝，梅特涅，基佐（Guizot），法國急進黨，德國偵探，都在這裏面。

那些在野的政黨，有不被在朝的政敵，評作共產主義的嗎？那些在野的政黨，對於其他更急進的在野黨，對於保守的政黨，不都是用共產主義這名詞作回罵的套語嗎？

由這種事實可以看出兩件事：

一，共產主義已經被全歐洲有權力的人認作一種有權力的東西。

二，共產黨員已經有了時機可以公然在全世界底面前，用自己黨底宣言發表自己的意見，目的，趨向，並對抗關於共產主義這怪物底無稽之談。

共產黨宣言 一

◎《共产党宣言》

深夜，伴随着萧子璋的呼噜声，毛泽东在灯下如饥似渴地研读着《共产党宣言》中文译稿。他实在是忍受不了肖子璋那“惊天地，泣鬼神”的呼噜声，于是他调皮地将肖子璋弄醒，和他畅谈起来。他告诉肖子璋，自己看了《共产党宣言》之后，才明白了过去所说的民主是资产阶级的民主，而不是劳动人民的民主。毛泽东难掩激动地告诉肖子璋，只有用阶级斗争的手段，打倒一切资产阶级，才能从他们手里夺得政权。他憧憬着中国革命的未来，并且坚信农民将是革命的主力军。

1920 年春，受列宁和第三国际远东书记处派遣的魏金斯基到达了中国，并就建党的问题与李大钊进行了多次会谈。紧接着，魏金斯基会见了孙中山，与之讨论了中国革命之事。

上海法租界环龙路老渔阳里陈独秀宅内，陈独秀、李达。李汉俊、陈望道等人坐在一起。陈独秀首先说道：“关于党的名称，究竟叫社

◎陈独秀办公室

会党还是共产党，我写信和李大钊、张申府商量过了，决定叫共产党。守常负责北方建党工作，至于，南方的建党工作，上海自然是责无旁贷了。今后大家注意加强和各地同志的联络。今天已经是第三次商议了，诸位还有什么想法?”见众人没有异议，陈独秀站起来举起手，众人紧跟着举起手表示同意他的提议。

1920 年 8 月，中国第一个共产主义小组在上海诞生。成员有李达、李汉俊、陈望道、俞秀松、赵世炎、邵力子、林伯渠等，并选举陈独秀为书记。

9 月，李大钊、张国焘、张申府三人成立了北京共产主义小组，后又发展黄凌霜、罗章龙、刘仁静等加入，命名为中国共产党北京支部，书记李大钊。

11 月份，武汉共产主义小组在董必武寓所宣告成立，大家一致推选包惠僧为书记。

毛泽东、何叔衡等 4、5 人坐在一艘小船上，泛舟于湘江江面上商量建党问题。毛泽东说道：“走俄式道路，在全国建立共产党已势在必行。陈独秀、李大钊已先后在上海、北京成立了党组织，我们湖南也要尽快行动起来。”刚说完，从远处的江面上传来一阵震耳欲聋的鼓声，只见江面上数十条渔船与岸上数千盏火把汇成一片灯市。毛泽东让船老大将船划过去看个究竟。

当船到了岸边之后，毛泽东等人上岸一探究竟。只见当地的农民们手擎火把，面戴面具在吟唱舞蹈。一队队年轻人挥舞着“巨龙”在人群中穿梭，老年人吹奏着唢呐。妇女和小孩虔诚的跪在地上，祈求龙王、菩萨取走魔鬼，保佑来年五谷丰登。

毛泽东、何叔衡等人被灯市的一幕深深震撼了。何叔衡感慨地说道：“润之啊，农民年年求龙王，拜菩萨，真不知道哪一天能感动龙王爷，替他们驱走妖魔鬼怪?”毛泽东意味深长地说道：“会有这么一

天的。但是驱走妖魔鬼怪的靠的不是龙王爷，而是共产党。共产党一旦把农民发动起来，就一定能翻江倒海!”

过了不久，在1921年的11月，毛泽东、何叔衡等在长沙建立了湘南共产主义小组。尔后，广州、山东共产主义小组以及共产党旅日、旅法小组也先后成立。由此，中国工人阶级的革命运动，在各地共产主义小组发动和领导下，席卷大江南北，声势日益浩大。

与此同时，旅法共产主义小组，一边勤工俭学学习马克思主义，一边密切关注着国内的斗争形势，进行广泛宣传发动工作。探求中国革命的道路，这些活动为以后建立中国共产党，培养和造就了一大批重要干部。

各地的共产小组犹如一支支革命的火把，在黑沉沉的中国大地上燃烧了起来，它们将驱赶走几千年来封建腐朽专制统治的黑暗，为普通劳动阶级点亮一片希望的天空。

四

巴黎市内一座建筑物内，中国旅法各学生团体二十余人在这里聚会。壁炉前，周恩来、蔡和森、赵世炎等人围坐，赵世炎摆摆手：“诸位，开会了。现在请周恩来同志将调查的情况向大家报告一下。”

周恩来向大家扬了扬手中的一叠材料：“据调查，这次北洋军阀准备向法国借三亿法郎，其中，一亿为军阀中饱私囊，两亿为购买军火打内战。其担保条件是：第一，出卖国家印花税；第二，出让滇渝铁路修筑权。”

陈毅激动地从沙发上站起：“决不能让他们得逞，我们要采取行动!”赵世炎接着说道：“驻法公使说，他们已经得电撤回此案。哼!骗什么小孩子，这是他们的缓兵之计。”

◎1924 年 7 月，旅欧中国共产主交青年团第五次代表大会在巴黎合影

蔡和森说：“我建议马上成立拒款委员会，把真相告诉法国民众，让中法民众联合一致，坚决反对此项借款。”周恩来立即站起来说道：“同意此项建议的，请举手。”

众人一致举手。周恩来高兴地说：“好，此项决议通过，大家分头行动吧。”

这时，邓小平手捧着一大叠印刷好的传单走进客厅。大家接过传单开始分头行动。邓小平告诉周恩来，国内许多地方都组织了共产主义青年团。周恩来高兴地说道：“我们应该在巴黎也尽快组织共产主义青年团。”邓小平高兴地表示要报名。

大雨如注，北京长辛店厂区的一间简易平房门口挂着“长辛店劳动补习学校”的木牌。这时门打开了，陶二娃和另一个工人用雨衣裹着一包东西奔出门。只见不远处的铁路上，李大钊、张国焘、邓中夏三个人搀扶而来。

陶二娃看到李大钊冒雨前来，很是感动。他跑到李大钊面前从怀里取出用雨衣裹着的东西，只见一条鲜艳的横幅赫然写着："欢迎李大钊教授来演讲。"

李大钊深深感动，握住陶二娃的手，激动地说："谢谢。"在邓中夏的提议下，大家唱起了激荡人心的劳工歌曲。在"劳工，劳工，硬座世界的主人翁"的歌曲声中，他们豪气冈发地一起向长辛店劳动补习学校走去。

1920 年 8 月，孙中山令粤军总司令陈炯明讨伐桂系。同年 11 月，以社会主义将军自诩的陈炯明，进攻盘踞在广州的桂系军阀。广州城郊枪声大作，陈炯明率领骁勇的粤军向桂军发起最后的冲锋，很快就取得了军事上的胜利，并重组了军政府。

徐世昌站在北京故宫太和殿广场的检阅台检阅部队。他居高临下地注视着衣甲鲜明的将士们，老气横秋地说道："诸位将校，诸位士兵！大家都知道，孙文（孙中山）又回到广州去了。他还在做着当总统的美梦。听说还要加个非常的大总统的头衔。"台下军官们一起呼喊着"为国尽忠"的口号。听到军官们效忠自己的口号，徐世昌感到非常满意。

接着，徐世昌告诉京畿卫戍总司令王怀庆："南方军政府，本总统自有对策。可眼皮底下那个长辛店，你就再不要让他们给我眼里揉沙子了。"王怀庆答应立即去办。

次日，长辛店工人俱乐部惨遭焚毁，邓中夏在陶二娃等人的护送下匆忙逃走。以王怀庆为首的"劫匪"们惨无人道的杀害厂区工人，陶二娃遭到残忍杀害。工人们不屈地挣扎着，鲜血染红了铁轨和枕木。

陈独秀得知长辛店工人被屠杀的消息后，气愤地从牙缝中迸出四个字："暗无天日！"

可惜，"屋漏偏逢连夜雨，船迟偏遇打头风"，以黄凌霜为首的五

◎《开天辟地》电影海报

人向李大钊提出退出共产党的请求。李大钊震惊得默然不语。黄凌霜坦诚他们几个并不是因为害怕反动派的屠刀而退出，而是因为他们信奉巴古宁和克鲁泡特金的无政府主义主张。而无政府主义和共产主义是无法共容的。

听闻此言，李大钊急切地说道：“我们之间能否把彼此的分歧都抛开一些？比如说，我们不都是为了无产阶级和人民大众的利益而奋斗吗？我希望你们能够……”他的话还没说完就被黄凌霜打断了，黄凌霜坚决地说道：“主张不一样，实在勉强不得。”说完之后，他们五个人低垂着脸，退出门去。刘仁静愤愤地骂道：“可耻!”李大钊悄然坐下，双手抱头，一语不发。

过了一会儿，李大钊才缓缓说道：“我们的队伍会扩大的。现在要尽快去宣传和发动工友，把他们都吸引过来。”

取得军事上胜利后，陈炯明通电陈独秀，希望陈独秀能来广州共图大计。数日后，陈独秀应邀来粤。到达广州的陈独秀，积极创办革命报刊。然而，他的革命活动引起了广州封建势力的惊恐和围剿，当初盛情邀请陈独秀来广州的陈炯明态度也日益暧昧起来。最终，陈独秀与这些顽固分子分道扬镳。

寓所内，陈独秀与陈公博默默地坐着。陈公博递过一支烟，陈独秀摆摆手说：“北京的无政府主义分子退党，广东又来唱双簧。形势越来越紧了，召开党的全国代表大会，统一全国共产党人的行动，确实已经刻不容缓了!”陈公博激动地说道：“仲甫，下决心吧。”

陈独秀胸有成竹地说道："决心我已经下了，七月，上海。"

陈公博用疑惑的表情看着陈独秀问道："上……上海开会?"

陈独秀站起来："对！我已经请李达向各地共产党组织正式发出会议通知。考虑到国际的援助，这个决定要尽快通知共产国际远东书记处。"陈公博点头。

1921年6月3日，共产国际驻中国代表马林取道欧洲，到达上海，先期到达的远东书记处代表兼赤色职工国际代表尼科尔斯基前来迎接。早有戒备的法租借巡捕房密切注视着他的行踪。

广州陈独秀寓所，包惠僧坐在陈独秀一旁。陈独秀缓缓开口："陈炯明他们容不得我，巴不得我早点离开广州，我偏不走。上海的会议，你代我参加。"说着，端起茶杯走向包惠僧。

包惠僧接过递过来的茶杯："可是，开会的代表，都希望您去呀!"陈独秀坚决地说道："没关系，会议该怎么开，我已经给李达写了一封信。另外，关于组织和政策，我拟就了四点意见，务请代表们认真研究。"包惠僧将信收好之后，就立即动身去上海了。

李大钊等人准备赴上海开会之际，北京再次发生了流血惨案。由于徐世昌政府长期拖欠教工的薪金，北京八所高等学校的代表去请愿，遭到当局的残酷镇压，李大钊受伤住院。李大钊躺在病床上，头上包了层层纱布，隐隐渗着血。张国焘、刘仁静侍立一旁。

张国焘关切地说道："李先生，别太激动，您的伤口还在流血……"李大钊控制了一下自己的情绪："你们去上海吧，我作为八校教工代表联席会议的代理主席，值此，实在无法离开北京啊！你们一定要谦虚，要尊重共产国际的同志，代我向同志们问好。"

各地共产主义小组参加中国共产党第一次代表大会的代表陆续抵达上海。他们齐聚上海法租界白尔路的博文女校，武汉、湖南、广州等地代表纷纷入住。

淞沪警察厅厅长徐辅洲正在给部下训话，他说：“据北京方面密报，全国各地的过激分子均蠢蠢欲动，很有可能汇集上海，密谋进一步的过激行动。所以你们务必加强监视。”接着，他让人尽快去公董局、工部局和洋人商量共同加强监视的协调工作。但法国巡捕房奇琼总巡查却不以为然，将徐辅洲派去的人撵了出去。

夜，万籁俱寂，街上空无一人。博文女校的二楼亮着灯。屋内，周佛海、王尽美、邓恩铭、刘仁静等人侃侃而谈。刘仁静兴奋地问大家中间谁最有可能成为中国的列宁·托洛斯基。这时，外面突然传来了警笛声，燕来时法国巡捕房又在抓人了，于是大家只好熄灯休息。

李大钊终于带着妻子儿女来到八达岭长城。站在长城上，李大钊眺望远方，久久不语。而此时远在千里之外的广州寓所内陈独秀推开窗门，望着远方，也是默然不语。他们虽然没有能够亲自参加在上海召开的中国共产党第一次代表大会，但是历史却会永远记住“南陈北李”这两位先驱人物为筹备共产党所做的种种努力。

1921 年 7 月 23 日晚上 8 时，中国共产党第一次代表大会在上海法租界望志路 106 号李汉俊之兄——李书城寓所内，庄严开幕。来自长沙、武汉、上海、济南、北京等地的毛泽东、何权衡、董必武、陈潭秋、李达、李俊汉、王尽美、邓恩铭等 13 名代表参加了会议。此次会议大家推选北京代表张国焘主持会议，会议正式开始，由毛泽东负责做会议记录。将要离开的王会悟（李达夫人）提醒厨房里的老师傅多留点神，提防陌生人。老人点点头，她轻轻拉开后门，慢慢离开。

客厅里正在召开第一次代表大会。张国焘站起身，说道：“诸位同志，共产国际对中国革命非常关心，为帮助尽快建立中国的布尔什维克党，特地派来了驻中国的代表马林同志和尼科尔斯基同志。”大家

◎中共一大会址

鼓掌欢迎国际友人的到来。

会议结束后，老厨师为马林同志和尼科尔斯基同志引来两辆人力车。这时，对面的房子里，安南巡捕看到了这一幕，于是他派出包打听（旧上海的警察密探）对马林等人进行跟踪。

7 月 24 日，中国共产党第一次全国代表大会举行了第二次会议，各地代表向大会报告了本地区党团组织成立的经过，以及进行工作的方法和经验。在经过 25、26 日的两天休会之后，《中国共产党纲领》、《中国共产党决议》等会议文件起草完毕。在这之后的三天里，大会集中讨论了这些文件的草案。在党的组织原则以及如何对待同盟军的问题上，代表们各抒己见，展开了热烈的讨论。

这几天的会议，马林和尼科尔斯基均来参加。安南巡捕房的人还在继续监视这两位的行踪。

在中国共产党全国代表大会的第六次会议上，张国焘慷慨发言："同志们，这次的主要议程是通过中国共产党的纲领和决议，在正式审

◎嘉兴南湖红船

议前，我们先请共产国际代表马林同志发表意见。”众人鼓掌。

这时，忽然响起一阵敲门声，巡捕房的包打听扮成迷路的人来探虚实。心肠好的老厨师把门打开，包打听闯进来，直冲客厅。代表们紧张不安地看着包打听。包打听地用眼睛扫视了一遍所有人之后，盯着马林说道：“我是来找社联王主席。对不起，我找错地方了，”说完，赶紧离开，去通风报信了。

待赶走包打听，众人仍是胆战心惊。马林同志建议马上休会。李汉俊俯身问张国焘：“你看呢?”张国焘思索了一下：“休会。”

夜色沉沉，突然一阵警报传来，两辆警车飞驰而至，其中有一辆停在了树德里弄口。法国巡捕房总巡奇琼带人来到了李家门前。一阵搜查，没有搜到什么实质性的证据。不甘心的奇琼一番问话后，带着巡捕们悻悻离去。

与会代表们一起聚在法租界李达寓所内，商量着会议在哪里继续召开。这时，李达妻子王会悟提议在浙江嘉兴举行，那里环境优

美，民风淳厚。嘉兴南湖，这个季节游船较多，一边游湖一边开会，非常安全。陈公博由于隔壁一队男女殉情自杀而惊吓过度，借口有病没有出席会议，剩下的12为代表悉数出席嘉兴湖上的闭幕会议。

嘉兴南湖，天色阴沉，湖面烟雨迷蒙，一艘漂亮的画舫悄然起航。湖面上大小船只悠然飘过。船头摆着一张小凳子，坐着王会悟，她静观四周景色，目光机警。画舫舱内，代表们围小桌而坐。张国焘主持会议，正色说道："现在，我们就请书记员毛泽东同志宣读中国共产党党纲。"

毛泽东宣读："《中国共产党党纲》全文：一、我党定名为中国共产党，二、我党纲领如下……凡接受我党的纲领和政策，愿意效忠于党，不分性别、国籍，经过一名党员的介绍，均可成为我们的同志。"

这时阴云弥漫之处，突然大片灿烂的阳光穿云而过。画舫在波光的湖面上行驶着，王会悟在船头机警地观察着四周的可疑情况。确认没有可疑情况后，张国焘朗声宣布："中国共产党的中央机构为中央局，中央局负责领导党的工作。本次代表大会一致选举陈独秀为中央局书记，选举李达为宣传主任，张国焘为组织主任。"船内响起一片掌声。

董必武激情难抑地对大家说道："同志们，咱们呼几句口号吧！"张国焘手扶桌子站起："请代表们起立。"12位肩负着中华民族革命重任的代表神情庄重地站了起来。小心谨慎的李达提醒大家说："同志们，小声点。"董必武率先举起手喊出了"马克思主义万岁"这一激动人心的口号，其他代表应和着喊道："马克思主义万岁！中国共产党万岁！世界劳工万岁！中国万岁！"

誓言低沉却又震撼寰宇。

坐在船头的王会悟回头睁大眼睛谛听众代表喊出的伟大口号，脸上流露出欢喜的表情。

中国共产党的成立，是开天辟地的大事变。当时，她只是一个由57人组成的很小的党，但她充满信心地以改造中国为己任，开始了艰苦卓绝的斗争历程。

在严酷的血与火的考验面前，共产党初创时期的党员，有的忠贞不渝，英勇奋斗；有的意志动摇，畏缩叛变。李大钊同志于1927年不幸被捕，他不畏惧反动军阀的威逼利诱慷慨从容地英勇赴难，在中国共产党的革命史上书写了一篇璀璨的篇章。共产党早期的另外一位创始人陈独秀在1927年犯了“右倾”机会主义错误，于1927年被开除出中国共产党。

就在共产党面临重大挫折，中国劳苦大众面临再一次被奴役压迫的时候，以毛泽东为代表的中国共产党人，将马克思主义与中国革命实践相结合，领导中国人民推翻了三座大山，缔造了中华人民共和国，确立了社会主义制度。如今，中国共产党已经是一个有5000万党员的成熟的马克思主义政党，她正在领导全国各族人民为建设具有中国特色的社会主义而继续奋斗！

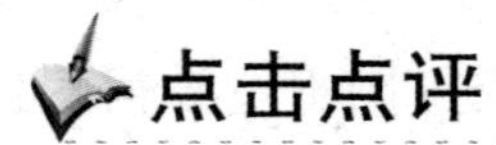

点击点评

历史巨片·鲜明的人物形象

影片以从“五四”运动到中国共产党诞生的史实为依据，真实地反映了这一历史进程，成功地将李大钊、毛泽东、陈独秀等重要历史先驱人物再现于银幕，并表现出他们的鲜明性格。

影片叙事流畅，情节有起有落，令观众较为直观的重新体会到这

段历史，认识到共产党创立过程所遭遇的艰难险阻。

与其它重大题材相比，《开天辟地》有自身的特点，它不同于描写历史人物的传记片，也不同于描写某一具体事件的故事片，它描绘的是一个群体，一个政党的诞生，这个政党的诞生又决定了一个国家、一个民族的命运。题材本身决定了未来影片的总体艺术风格：史诗式、全景式、纪实性的历史画卷。

片尾定格在嘉兴南湖的红船上，抒情的画面外增加了一段旁白，简要交待了中共一大代表的情况；同时表达对这一伟大政党的敬意，可谓曲终奏雅。

回望精彩

影片做到了在符合历史真实前提下追求艺术真实，做到历史真实与艺术真实的有机结合。该片毕竟不是纪录片，造出真实感人的艺术形象，还要依照人物性格发展的逻辑，大胆进行艺术创造。

如影片中“陈独秀父子狱中相见”、“毛泽东和杨开慧拜堂”、“毛泽东、陈独秀相会印刷厂”……这些戏也许在时间地点上和史实对不上号或史实中并无出处，但是并不违背大的史实，相反还增加了影片的艺术感染力。

星光：李歇浦

李歇浦，著名导演。1942 年出生于上海，江苏泗阳人。上海电影专科学校导演系毕业。1963 年毕业进上海电影制片厂任导演助理、导演，并曾担任创作室主任、副厂长。

革命历史片《开天辟地》以精湛的艺术创造，把中国共产党历史上这一重大事件成功地搬上银幕，赢得了电影界、史学界及广大观众的高度赞誉。导演李歇浦颇具匠心，一开始就明确要求，要把这部影片拍成史诗式、全景式、纪实性的历史巨片。李歇浦说：

> 如果我们把这理解为一种对革命历史片特殊风格样式的探索，那么这种追求无疑是合理而富有创造的。“全景式”指对所描写的重大历史事件及其所处时代，有一种宏观的、总体的考察和表现。“史诗式”，则要求为重大事件及其所处的时代传神写照，既有“史”可征，用为历史的形象化教材，同时又洋溢着时代的激越诗情，给人以情绪的激奋和感染。

《开天辟地》显示出导演处理影像的娴熟技巧，以及透过故事表达某种思想情感的努力：“这部影片必须有强烈的凝重感、悲怆感和历史纵横感。”

拍摄这样一部重大历史题材的电影，尊重历史，保证其真实性当然是第一位的，但它毕竟不是纪录片，还要遵循故事片的特性和创作规律，要在情节中突出历史人物的形象和个性，而且要在尊重历史真实的前提下作些大胆的符合逻辑的虚构。这些导演全做到了，他借鉴了前苏联电影《列宁在十月》和美国电影《巴顿将军》的创作手法，突出人物个性，注重刻画细节，决不让人物淹没在重大事件当中，由此打造出了一部有艺术个性和感染力的历史巨片。

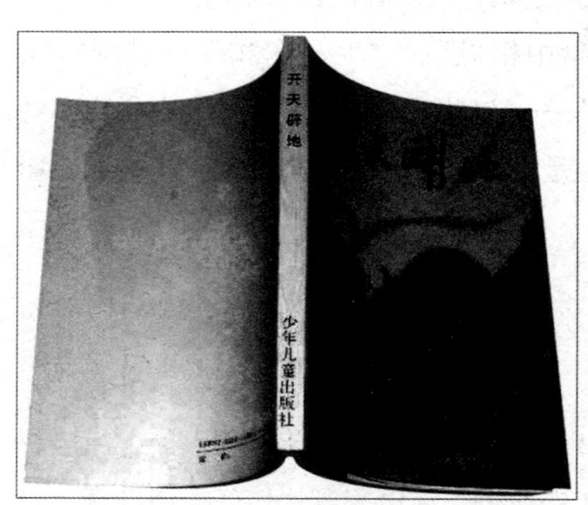

◎少年儿童出版社出版社 1991 年根据同名电影文学剧本改编的《开天辟地》

建党伟业

起来，饥寒交迫的奴隶！起来，全世界受苦的人……这是最后的斗争，团结起来到明天，英特纳雄耐尔就一定要实现。

——在《国际歌》歌声中，中国共产党宣告成立

影片档案

时间：2011 年

彩色 / 黑白：彩色

出品：中国电影股份有限公司

编剧：郭俊立

导演：韩三平　黄建新

制作人：韩三平

摄影：赵晓时

主演：刘　烨　饰演　毛泽东　陈　坤　饰演　周恩来

廖　凡　饰演　朱　德　于晓光　饰演　刘少奇

张嘉译　饰演　李大钊　冯远征　饰演　陈独秀

马少骅　饰演　孙中山　张　震　饰演　蒋介石

张涵予　饰演　宋教仁　洪剑涛　饰演　黄　兴

周润发　饰演　袁世凯　赵本山　饰演　段祺瑞

吕良伟　饰演　吴佩孚　冯　巩　饰演　冯国璋

荣耀

作为建党90周年的献礼影片，《建党伟业》以其开一代先河的浩大声势，博得全国观众的喝彩和赞美，创造了21世纪以来中国电影史上一个新的里程碑。

◎上海世纪出版股份有限公司少年儿童出版社出版2011年出版的电影连环画《建党伟业》

人物：孙中山·毛泽东

孙中山

孙中山（1866—1925）中国近代伟大的民主革命家。名孙文，字德明，号日新，后改为逸仙，广东香山人（今中山市）人。1866年11月

12 日出生。1892 年毕业于香港西医书院。1894 年上书李鸿章，提出革新政治主张遭拒绝后，远赴檀香山组织兴中会。

1905 年，孙中山在日本东京组成“中国同盟会”，被推为总理，确定了“驱除鞑虏，恢复中华，建立民国，平均地权”的资产阶级革命纲领。

1911 年 12 月 29 日，孙中山被十七省代表推举为中华民国临时大总统，于 1912 年 1 月 1 日在南京宣誓就职，成立中华民国临时政府。2 月 13 日，因革命党人与袁世凯妥协，孙中山被迫提请辞职。8 月同盟会改组为国民党，孙中山当选为理事长。1913 年因袁世凯派人刺杀宋教仁，孙中山策划起兵讨伐袁世凯，旋即失败。

毛泽东

毛泽东（1893—1976）马克思列宁主义者，中国无产阶级革命家、政治家、军事家，中国共产党、中国人民解放军、中华人民共和国的主要缔造者和领袖，毛泽东思想的主要创立者。

毛泽东，字润之，湖南湘潭韶山冲（今属韶山市）人。1893 年 12 月 26 日出生。1914 年至 1918 年就读于湖南第一师范学校。早期即开始革命活动，接受并宣传马克思列宁主义。

毛泽东带头发起组织新民学会，创办了《湘江评论》，发起组织俄罗斯研究会和文化书社，建立长沙社会主义青年团和共产主义小组。1921 年 7 月出席中国共产党第一次全国代表大会，参加创建中国共产党。会后担任中共湘区委员会书记，中国劳动组合书记部湖南分部主任。

历史背景

1912 年元旦，孙中山在南京就任临时大总统，宣告成立中华民国政府，从此持续了两千多年的封建统治制度终于被推翻，人民盼望已

◎《青年杂志》刊物

久的民主制度看似就要来到。

然而由于革命派自身的弱点也更多地暴露出来。1911 年 12 月至 1912 年 2 月，出任清朝内阁总理大臣的袁世凯在帝国主义列强的支持下，与南方革命政权进行所谓的和平谈判。袁世凯用尽各种手段迫使革命势力妥协。帝国主义列强拒不承认南京临时政府，并且制造外国干涉的气氛。孙中山的许多主张在革命阵营内部都遭到反对，在内外交困的情况下，孙中山被迫退让。革命果实由此被北洋军阀而掠夺去，从此中国又陷入了更加深重的灾难中。

1915 年，陈独秀和李大钊创办《青年杂志》，掀起了新文化运动的思潮。1918 年，陈独秀和李大钊开始最早在中国传播马克思主义。1919 年5 月 4 日，声势浩大的五四运动爆发，越来越多的人开始接受马克思主义。

1920 年，中国共产党的早期组织在上海首先建立，成为各地建党活动的联络中心。各地共产主义小组成立后，有组织、有计划地扩大马克思主义的研究和宣传，发起并建立社会主义省委团，创办工人刊物，开办工人学校，领导工人成立工会，开展工人运动，进一步促进了马克思主义同工人运动的综合。1921 年 7 月 23 日 –31 日，中国共产党第一次全国代表大会在上海召开。大会通过了中国共产党的第一个纲领和决议。党的一大宣告了中国共产党的成立。中国共产党的成立是一个开天辟地的大事件，此后中国革命的面目就为之一新了。

◎武昌起义雕像

光影故事

一

进入19世纪中叶，由于封建统治腐败和西方列强入侵，中国逐渐沦为半殖民地半封建社会，政治黑暗，社会残破，民不聊生。

1911年10月10日，武昌起义成功，拉开了辛亥革命的序幕。各省纷纷宣布独立，清王朝濒临灭亡。同年11月21日，同盟会领袖孙中山得知消息，自海外启程回国。众望所归的他被各省代表推选为临时大总统。1912年1月1日，中华民国宣告成立，孙中山在南京宣誓就任临时大总统。从此，民主共和观念深入人心。

然而，腐败无能的清王朝仰仗袁世凯的北洋军与革命军展开对抗。政治格局激变引发了南北对立，内战爆发。战斗持续不断，此时南方和北方的和谈也没有停歇。南方代表伍廷芳提出："孙文先生态度明确，皇帝退位。这是和谈前提。"北方代表唐绍仪回应："我们北洋的底线也很清楚，袁世凯出任大总统。"

经过反复交涉，最后伍廷芳代表南方对唐绍仪妥协："孙先生说了，结束王朝，停止战争，走向共和，皆可让。"1912 年 2 月 12 日（辛亥年十二月二十五日），清宣统皇帝溥仪宣布退位，中国最后一个封建王朝就此灭亡。3 天后，孙中山依照南北和谈约定，辞去临时大总统职务。

辛亥革命推翻了清王朝，打开了中国进步的大门，然而反帝反封建的使命依然没有完成，革命果实被袁世凯所窃取。1912 年 3 月 10 日，袁世凯在北京出任临时大总统。面对五色旗，他举手宣誓："世凯，愿竭心力，使中华民国成强大之国家。"

为了响应革命号召，青年学生毛泽东决心投笔从戎。他报名参军，成了湖南新军的普通一兵。操练休息时，毛泽东给士兵读报。有一个士兵问道："啥是共和?"毛泽东解释说："共和是古称，就是国家大事大家商量着来的意思。"

那士兵若有所思地说道："哦，就是皇帝没了，我们大家说了算了。"大家乐得哈哈大笑。这时，一名军官悄悄问毛泽东谁当大总统最好。毛泽东认为是孙中山先生。军官又问："那怎么突然变成姓袁的了?"毛泽东苦笑一声，说道："他手里有枪呗。"

为了与袁世凯的势力竞争，宋教仁四处活动，力图把国民党打造成民国第一大党。他公开宣扬："政党政治才是根本。总统不过是个摆设、是个象征。阿猫阿狗，谁干也无所谓。"最终，在国会选举中，国民党以明显优势获胜。袁世凯感觉到了威胁，气急败坏地与冯国璋密谋杀害宋教仁。

◎宋教仁

1913 年 3 月 20 日，宋教仁去北京商议国事。廖仲恺、黄兴、于右任在上海火车站为他送行。大家正在告别，突然，从一节车厢的车窗里伸出一把手枪，瞄准宋教仁连开三枪。两天后，宋教仁不治身亡，

◎袁世凯穿起龙袍在天坛祭祀

时年 31 岁。宋教仁被刺引发反对袁世凯的二次革命。然而由于力量悬殊，加上国民党内部意见不统一，革命很快遭到北洋军野蛮镇压。

1913 年 8 月，北洋军攻克南京，革命失败，孙中山流亡日本。同年 11 月，袁世凯颁令解散国民党。胜利使袁世凯得意忘形，他不再满足于临时大总统的头衔。1914 年 12 月 23 日，袁世凯率领手下在天坛举行祭天仪式，做起称帝美梦。

1915 年 1 月 18 日，日本驻华公使日置益代表日本政府，以帮助袁世凯登上皇位为条件向袁世凯递交了《二十一条》文本，要求北京政府承认日本继承德国在山东的一切特权。为圆皇帝梦，1915 年 5 月 9 日，袁世凯秘密接受了丧权辱国的《二十一条》。

◎袁世凯亲批的丧权辱国的《二十一条》
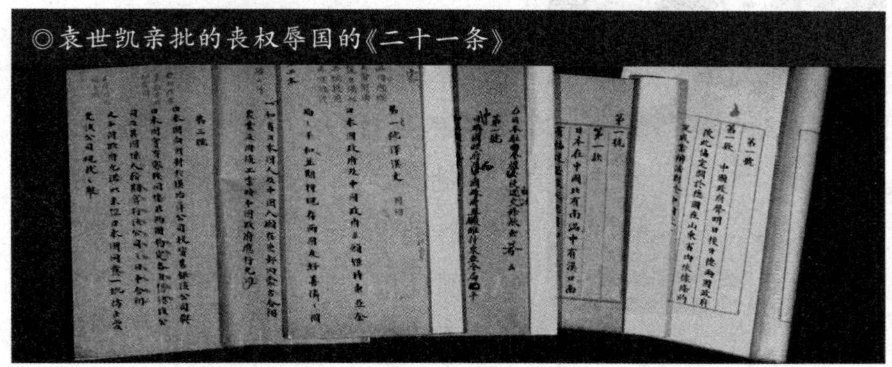

在新军服役半年后，毛泽东进入湖南第一师范学校，继续求学。这天，老师杨昌济找毛泽东谈心："听说你每日坚持冷水洗浴，还到处宣扬健体救国的思想？"毛泽东说："以前是。现在北洋政府无能，强健体魄又有何用。洋枪洋炮对付大刀长矛，胜败一目了然。"杨昌济说："坐而论道容易，找到出路很难。也许要一生一世，也许要数代百年。我问你的问题就是，你到底要什么！"正着说，他的女儿杨开慧来了。杨昌济就介绍两人认识。杨开慧见毛泽东身材高大，走到他面前，调皮地伸手比划了一下，说："哥哥，你好高啊！"

1915 年 8 月 13 日，经过一番紧锣密鼓的筹划，袁世凯从中华民国大总统，摇身一变，成了中华帝国皇帝。大厅中，整齐肃立的文武官员齐声高呼："中华帝国大皇帝万岁！"只有将军蔡锷面无表情，默不作声。最终，在京城名妓小凤仙的帮助下，蔡锷摆脱了袁世凯的监视，坐火车经天津前往日本与孙中山见面。

在日本东京，孙中山奋笔疾书，起草《讨袁宣言》。夫人宋庆龄说："'大兵既至，诛罚必申'这句写得好。可是你的兵呢？"这时，部下报告蔡锷将军到了。孙中山兴奋地走向门口，拉着蔡锷的手，说："我的兵来了！"

◎蔡锷

1915 年底，蔡锷回到云南组织护国军，誓师讨袁。护国军军官朱德拍马挥刀，率骑兵像飓风一般扑向敌军阵地。北洋军被打得人仰马翻，狼狈逃窜。护国运动得到了全国人民的支持。护国军节节胜利，各省纷纷独立。

噩耗接连传来，袁世凯心急如焚。他走到龙袍前，轻轻抚摸着，哀叹道：

“这个蔡锷啊，逼死我！”全国1916年6月6日，袁世凯在举国声讨中病逝，皇帝梦就此破灭。

几个月后，军阀张勋率领辫子兵打进北京。他带兵闯进国会，用枪威胁国会关门。他骄横跋扈地对议员们说：“咱宣布，从现在开始这个破地方关门打烊了，不开饭了。就连这个乱七八糟的破民国，咱也要一并关掉！”张勋就是这样蛮横地采用武力解散国会，开始上演一幕笑态百出的“复辟风波”。

1917年7月1日，溥仪重登皇帝宝座，宣布复辟。张勋跪在地上，痛哭流涕地说：“皇上，臣来得太晚了！没主子，国将不国！”于是同日，溥仪发布“即位诏”，称“共和解体，补救已穷”，宣告亲临朝政，收回大权。他公布9项施政方针，一连下了8道“上谕”，大举封官授爵，恢复清朝旧制。参加复辟的重要分子，均被授以尚书、阁丞、侍郎等要职，康有为任弼德院副院长，张勋为政务部长兼议政大臣，并被封为忠勇亲王。张勋还通电各省，宣布已“奏请皇上复辟”，要求各省应即“遵用正朔，悬挂龙旗”。

张勋不顾全国人民的反对进行复辟的消息传出后，立即遭到全国人民的反对，全国各地的进步社团对他的这一倒行逆施的做法进行了深入的批判。

◎北洋军阀张勋

在湖南一师，蔡和森向同学们倡议：“我们应该行动起来，赴京请愿，反对复辟。”毛泽东说：“中国的问题，仅仅是因为选错了一个总统吗？如果说以前的事情罪在袁世凯一人身上，那今日张勋、康有为复辟的闹剧，又当罪责何人呢？今天的中国，绝不是换一个皇帝、一个总统就能改变的。”

北大民主广场上，数千学生在倾听陈独秀的激情演讲。“耻辱！莫大的耻辱！是我中华民族的耻辱！共和是大势所趋，是人心所向，可是仅仅6年的时间，就出现了两个皇帝。民国是共和之国，在共和国里做皇帝，这是对共和天大的讽刺。”学生们报以热烈的掌声。陈独秀动员大家，“同学们，封建与共和，乃绝对两不相容之物。要想存其一，必先废其一。要使民众觉醒，国家强大，就必先将民众心中两千年的这座大山彻底推倒！”陈独秀和李大钊难以抑制激动的心情，两人的手紧紧地握在一起。

孙中山在广州非常国会上悲愤地说：“民国之精神是自由、平等、博爱。然而平等被无视，自由被蹂躏，博爱精神荡然无存！这还是我无数先烈为之流血牺牲所换来的共和民国吗？这一切国会不答应，法律不答应，四万万民众更不会答应！”

在全国一片反对声中，张勋复辟的闹剧仅仅维持了短短12天，就草草收场了。段祺瑞在日本帝国主义的支持下，组成讨逆军，防守的“辫军”一触即溃，张勋在德国人的保护下逃入荷兰使馆。复辟丑剧仅仅上演了12天，就在万人唾骂声中收场了。

1917年1月，蔡元培出任北大校长。他采取“思想自由，兼容并包”的办学方针，邀请陈独秀、李大钊、辜鸿铭、胡适等一大批新人物任教，使北大面貌焕然一新。蔡元培采取一些民主进步的措施，使北大一时间不仅成为学术研究的先锋阵地，而且还成为民主与进步的楷模。

蔡元培以“学诣为主”，罗致各类学术人才，使北大教师队伍一时出现流派纷呈的局面。如在文科教师队伍中，聘用了陈独秀、李大钊、鲁迅、胡适、钱玄同、刘半农、沈尹默等；也有政治上保守而旧学深

◎油画：《北大的钟声》

沉的学者，如黄侃、刘师培、黄节、辜鸿铭、崔适、陈汉章等。当时的北大，《新潮》与《国故》对垒，白话与文言相争，百家争鸣，盛极一时。

在北大召开的聘用教授发布会上，轮到英文教授辜鸿铭上台时，他的打扮和他的辫子，引得大家哄堂大笑。辜鸿铭用手杖把辫子搂到胸前说："可笑吗？我的辫子长在脑后。笑我的人，辫子长在心头。老夫头上的辫子是有形的，而诸公心中的辫子，却是无形的。"闻听此言，狂傲的北大学生一时哑口无言，大厅的一片静默。

为了反对专制与迷信，陈独秀、李大钊、胡适等人以"民主"与"科学"为旗帜，掀起了一场新文化运动。新旧文化在北大展开了激烈的交锋。辜鸿铭不支持新文化运动，更反对打倒孔子。他说："两千

◎新文化运动的发源地——北大红楼

年前之孔子何罪于今人哪？孔子教人之方法如数学家之加减乘除，两千年前是三三得九，今日仍是。自家不精将题目算错，却怪发明之人，毫无道理。若这也算新文化，那就是瞎扯！”

看到台下人议论纷纷，胡适起身辩解：“文化总该革新的，因为时间在前行。有人讲文言文文雅古朴，而白话文粗鄙不文。科举误国，误在八股文言，不会做事，只会考试。我们的国家需实务人才，脚踏实地，强健国力！”

蔡元培认为中国的变革一会儿以日为师，一会儿以欧美为师。他向陈独秀发问：“你觉得该学哪个？”陈独秀觉得这不是学谁的问题，这是新文化和旧文化的问题。他说：“要振兴民国，启发民智，就必须废除旧文化，普及新文化，如此变化，国家民族才有新生。”

陈独秀继续说道：“美国也好，法国也好，日本也好，俄国也好，哪个能救中国，便学哪个。”辜鸿铭冷冷的反驳道：“笑话，

纵观世界，哪个国家统治的精神，不是自己国家和文化所孕育出的思想。”

这时李大钊走到台中央，慷慨激昂地说：“放眼世界，从更加宏观的视野看人类未来，何谈可笑。在俄国，有一个叫列宁的人，他领导的布尔什维克革命已经成功，他所引进的思想就是德国的马克思主义。”

台下的同学不明白什么是布尔什维克，李大钊解释说：“布尔什维克就是多数的意思，什么是多数？是农民，是工人，是千千万万被压迫被奴役的劳动人民。俄国的胜利，是布尔什维克主义的胜利，是庶民的胜利，是无产者的胜利，这是人类历史上的第一次，最最伟大的第一次。”李大钊的精彩讲演博得了同学们热烈的掌声。

二

十月革命的一声炮响，给中国送来了马克思列宁主义。中国出现了一批又一批追随革命，具有初步共产主义思想的先进分子。社会主义在中国开始成为具有深远影响的思想潮流。

袁世凯倒台后，出现全国范围内的军阀混战。孙中山发动的护法运动惨遭失败，广州中华民国大元帅府里乱作一团，孙中山一行离开广州回到上海。毛泽东、蔡和森、向警予等人在湖南成立了新民学会。为了赴法勤工俭学，他们决定分北京、上海和广州三路筹集经费。毛泽东选择了北京，他想看望在北大任教的杨昌济先生。

1918 年 8 月，风尘仆仆的毛泽东来到北京，来到北大。在杨昌济的引荐下，毛泽东结识了来访的北大教授李大钊。李大钊给毛泽东

◎新民学会旧址

安排了一个图书馆助理员的工作。李大钊问："很辛苦的。你干得了吗?"毛泽东兴奋极了，说："行，行！白天黑夜我都可以做事情的!"

1918 年 11 月 11 日，第一次世界大战结束，14 万华工浴血奋战为中国赢得战胜国身份。消息传来，举国欢腾。群众自发来到火车站，欢送出席巴黎和会的政府代表团。外交总长陆徵祥感慨万千，说："近百年来，第一次以战胜国的身份出使国际。我们一定不负举国百姓的重托，挺起中国人的胸膛，收复山东。一定!"人们高呼"中国必胜"等口号。梁启超对谈判代表顾维钧说："你看，在我们的身后站着四万万同胞。"顾维钧却忧心忡忡地说："弱国无外交啊。"

在李大钊的影响下，毛泽东对马克思主义产生了浓厚的兴趣。他说："先生，我曾经以为体育可以救国，教育可以救国，现在看来这

些都是皮毛法术。我读了先生的《马克思主义观》，那里面讲的才是真正的大道。”李大钊鼓励说：“润之啊，我这篇文章只是管中窥豹，不足马克思主义之万一，你应该读一读《共产党宣言》，大道尽在其中。”

两人边走边谈，转眼到了家门口，李大钊想起今天是除夕，想留毛泽东吃年夜饭。毛泽东婉言拒绝。原来，今晚他要陪杨开慧一起守夜，一起过年。

在北京杨开慧的家里，杨开慧准备了丰盛的年夜饭。只见她掀开碗盖大声说道：“时间到了，吃年夜饭了。”碗里盛着热气腾腾的饭菜。两人深情相望，举杯庆祝。新年到了，屋外传来了“噼噼啪啪”的鞭炮声。“润之哥哥，我们去看放花。”杨开慧说着，拉着毛泽东跑出房间。两人一起幸福地观赏空中的烟花。

1919 年 5 月 3 日，随着报童的叫卖声，中国外交失利的消息传遍了北京的大街小巷。德国霸占中国山东的主权又转到了日本人手里，中国的正义要求又一次遭到列强的践踏。北大师生聚集在一起，商量对策。方豪愤慨地说：“日本妄图接管山东一切权利的阴谋就要得逞了。如果山东被日本切分，我们国家领土的完整就会被破坏。领土不整，国家必亡。大家想一想，我们该怎么办?”

陈独秀按捺住心中的悲愤，起身发言：“同学们！一直以来我们对西方列强抱有幻想。可是现在，我们被那些在凡尔赛宫高谈阔论的政客们出卖了，被那些在欧洲瓜分战利品的列强们出卖了，而我们的政府却要在这个丧权辱国的合约上落笔签字！”最后，陈独秀向大家庄重宣布，“同学们，重要时刻就要到了！”

1919 年 5 月 4 日，北京的学生像潮水一样冲出校门，走上街头。伟大的五四运动爆发了。学生们打着标语，举着横幅，高呼：“还我主权！”、“还我青岛！”、“严惩国贼！”。揭露列强的无耻欺骗，痛斥政府的卖国行径。李大钊站在学生们拉的车上，慷慨激昂地说：“我

◎北京爱国青年游行队伍

们今天的行动，是中国美好未来的先声！所以，此刻，今日，能够亲身经历这场前所未有的革命，我们感到无上光荣！”

浩浩荡荡的游行队伍从四面八方汇集到天安门广场。闻讯赶来的大批军警，阻拦住学生的游行队伍。方豪走到队伍前，大声疾呼：“同学们！谭嗣同说，各国变法无有不牺牲者，今中国变法，流血牺牲自我辈始！”“冲啊！”学生们呼喊着，搬开铁丝网架，冲过了军警的警戒线。

在中南海新华门，一个女生跪在北洋政府门前，手中高举着一幅白布，白布上写着一个大大的“冤”字。老警长上前劝阻：“学生有冤情去检察厅起诉，你跑到这来喊什么冤啊？”女生眼含热泪，说：“冤情太深，检察厅接不了我的状子！”老警长无奈地说：“你什么意思啊？”女生呐喊起来：“我们是为四万万同胞喊冤！”游行队伍怀着满腔怒火，直奔卖国贼曹汝霖居住的赵家楼。张国焘站在曹宅门口的

石狮子上，大声高呼：“同学们，国贼在里面！冲进去！”匡互生爬上墙头，往下一瞧，只见院子里站满荷枪实弹的军警，一下子愣住了。

邓中夏、方豪与学生们抱起木桩撞击紧闭的大门。门终于被撞开了一条门缝。邓中夏探头看着军警，晓之以理：“同胞们，你们应该去山东打小鬼子，而不是在这儿帮卖国贼看家护院哪。”方豪把着门缝，动之以情：“同胞们，我们是一家人。你看看，被你们挡在门外的，都是你们的亲兄弟、亲姐妹。他们每一个都是爱国的学生！”

一个女生挤过来，哭喊着：“让我们进去！让我们进去！”面对爱国学生，军警们的心软了。“弟兄们，我相信你们每一个人都是爱国的，是吗？你们都是中国人，是吗？那你们就别拦着我们！”邓中夏一边说一边钻过门缝，打开了大门。

学生们涌进院子。军警们一动不动地站着，没有阻拦。“他在这儿哪！”张国焘发现墙角躲着个人。负责保护曹宅的警察厅厅长吴炳湘吓得腿都软了，赶紧站出来辩解：“同学，跟我没关系啊！”没有找到卖国贼，学生们一气之下，放火把房子烧了。

大批荷枪实弹的军警赶来支援赵家楼。“警察来了！快跑啊！”学生们冲出院子，四处逃散。街面上一片混乱，军警到处残酷镇压、抓捕学生。参加运动的青年学生中有 32 人被捕入狱。

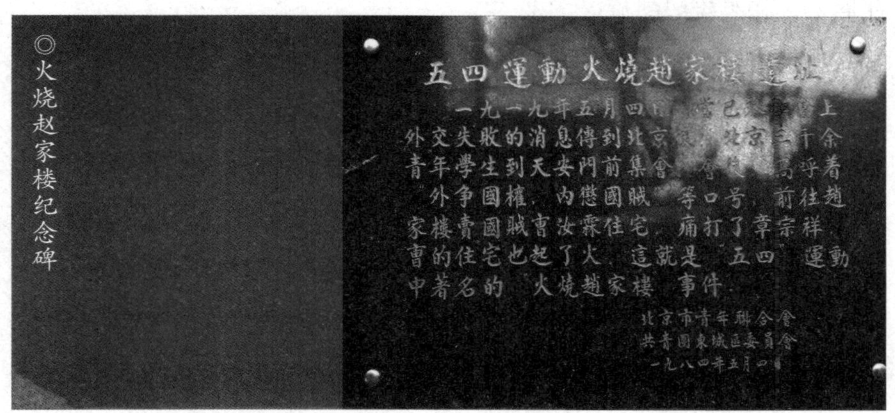

◎火烧赵家楼纪念碑

五四运动是 1919 年 5 月 4 日在北京爆发的中国人民彻底的反对帝国主义、封建主义的爱国运动。它是中国旧民主主义革命的结束和新民主主义革命的开端。五四运动是中国革命史上划时代的事件，是中国旧民主主义革命到新民主主义革命的转折点。

五四运动促进了马克思主义在中国的传播及其与工人运动相结合，从而在思想上和根本上为中国共产党的建立准备了条件。五四运动的爆发，标志着一场新的伟大的反帝反封建的开始，有力地促进了马克思主义在中国的传播。工人阶级第一次作为独立的政治力量登上历史舞台。

三

在长沙，毛泽东组织学生声援北京。他说：“纵观中国两千年的历史，可曾听说过学生杀人放火的典故？这是被逼无奈的反抗。如今徐大总统抓捕无辜之学子，在做亲者痛仇者快的事情。作为学校的主事，我宣布罢课，直到释放学生的那一天！”紧接着，全国范围的学生罢课、工人罢工、商人罢市的浪潮使得北洋政府只得释放了全部被捕学生。被捕学生归校的庆典举行得热火朝天，被释放的学生被人们抬在肩上，和英雄般凯旋。

陈独秀认为五四运动的目的根本没有达到。他失望地对李大钊说：“我们胜利了吗？到了庆祝的时候了吗？到了庆祝的时候了吗？胡闹！”夜里，陈独秀登上新世界游艺场的楼顶，扬撒革命传单。闻讯赶来的军警逮捕了陈独秀。

1919 年 6 月 28 日，法国巴黎凡尔赛宫里，各国代表正在《凡尔赛和约》上签字。顾维钧站在签约台前，愤愤不平地说：“尊敬的各位代表，你们凭什么把中国的山东省送给日本人。我很愤怒。中国人永

远不会忘记这沉痛的一天！”他一拳击在合约书上，拒绝签字，头也不回地离开了会场。

◎《建党伟业》电影海报

孙中山得知陈独秀被捕，训斥北洋政府的官员许世英：“你回去告诉徐世昌，不能与人民为敌。他这个大总统若是想当下去的话，就立即放了陈独秀。”监禁98天后，北洋军阀慑于全国的抗议浪潮，被迫将陈独秀释放。监狱门前，站满了北大的师生。陈独秀望着眼前的人群，他的眼睛湿润了。李大钊走上前，安慰陈独秀：“仲甫，你受苦了。”接着他面对北大的师生，高声赞扬，“陈仲甫只身擎国难之重，当为我辈楷模！国立北京大学为有陈仲甫而骄傲！”

毛泽东、蔡和森一行来到熙熙攘攘的上海码头，准备乘船赴法勤工俭学。汽笛响了，该上船了。毛泽东忽然一把拉住蔡和森说：“我在想，把国外的革命经验搬到中国来，真的行得通吗？”蔡和森愣住了，问：“又要变卦？”“中国的问题比哪儿都复杂，我还是留下来吧。”毛泽东做出了抉择，“你们一路顺风，后会有期了。”蔡和森和陈毅遗憾地望着毛泽东远去的背影。

由于《湘江评论》被湖南军阀张敬尧查封，毛泽东发动学生和工人，进行“驱张”斗争。他说：“督军府为何要查封《湘江评论》，因为我们说了真话。他们害怕我们将真相大白于天下！有湖南，无张氏！有张氏，则无湖南！”有工友问：“这样的大事，我们这些穷做工的说了也不算啊！”毛泽东回答：“工人两个字结合在一起，就是一个天字。工农大众就应该是这天下的主人。”

“做天下的主人，能有这样的好事儿？”工友的疑虑引发一片笑声。

毛泽东连忙解释说：“这话不是我说的，是一个叫马克思的洋人说的。依照这个主张，俄国的工人已经成为了国家的主人。我们中国的工人也应该起而效仿，推翻我们面前的这个只会欺负和压榨我们的反动政府！”工友们这才信服的发出由衷的赞叹声。

1919 年底，毛泽东率驱张代表团赴京请愿。期间，杨昌济病危住院，毛泽东赶去探望。“驱张”斗争取得胜利后，毛泽东与杨开慧在长沙结婚。

1920 年 1 月 29 日，周恩来在天津领导学生运动，被捕入狱。在狱中周恩来坚持斗争，宣传马克思主义。173 天后，政府被迫释放学生。出狱后不久周恩来等人赴法勤工俭学，参与创建中共旅法支部，为中国革命储备了重要的政治力量。

◎《建党伟业》电影海报

1920年，陈独秀来到上海，他经常深入工厂，向工人宣传革命思想。“在这个世界上，什么样的人最高贵呢，我的回答是劳工最高贵，我们吃的粮，我们穿的衣，我们住的房，哪一样不是劳动者所创造的呢？”他越说越激动，工人们越听越入迷，“大家拼命干活儿，却吃不饱，穿不暖，住不踏实，这合理吗？”

工人们齐声回答：“不合理！”陈独秀接着启发大家：“对，不合理。所以，我们应该团结起来发动罢工。在工厂主、资本家面前展示我们的力量，夺回我们应有的权利。工友们，未来劳工所拥有的将是整个世界！”望着工人们期待的神情，陈独秀情不自禁地高呼，“劳工万岁！”激荡人心的口号响彻了整个天空。

陈独秀秘密回到北京，与李大钊围着火炉，促膝谈心。这次畅谈使陈独秀和李大钊萌发了建立中国布尔什维克政党的念头。两人相约：南陈北李，分头行动，尽快建立自己的政党。

1920年夏至1921年春，随着马克思主义的广泛传播，上海、北京、武汉、长沙、广州、济南等地以及旅日、旅法华人中的先进分子，相继建立共产党早期组织。1921年7月9日，刘少奇、张太雷、瞿秋白来到莫斯科，参加共产国际第三次代表大会。会议期间，列宁指示说：“我们应该支持中国建立自己的布尔什维克政党。”共产国际随即决定派遣马林同志负责这项工作。

张国焘、刘仁静向李大钊汇报组建政党的进展。张国焘说：“上海建议各地派两名代表参加会议，旅欧和旅日的共产主义组织各派一人出席。”

李大钊沉思了片刻，说：“北京这边，你们两个去吧！”张国焘有些发愁地说：“陈独秀先生不去，您再不去，这会还怎么开啊？”李大钊说：“替我向马林同志致歉，就说放暑假了，学生借书的多，我这个馆长走不开。记住，我必须和陈独秀保持一致！”

在广州，陈独秀决定派包惠僧和陈公博出席会议。陈独秀对包惠僧说："记住，你是作为我的私人代表参加会议。"包惠僧不解地问："您不去吗？共产国际对这次会议很重视。"陈独秀说："我与共产国际在很多方面意见不尽一致。如果参加，万一争执起来就没有回旋的余地了。"

各地共产主义组织代表陆续抵达上海。上海博文女校的宿舍一下子热闹起来，上海代表李达和李汉俊作为东道主，忙前忙后，热情地接待大家。李达给大家介绍自己的太太王会悟，王会悟大大方方地说："我负责这次的接待工作，大家有事可以找我。"等大家都安顿好了，李汉俊说："今天路途劳顿，先好好休息吧。明天在我哥哥家，望志路 106 号开会。"

1921 年 7 月 23 日，各地共产主义组织派出的十三名代表和共产国际派来的代表马林、尼克尔斯基，围在客厅的一张长条桌前，正式召开了中国共产党第一次全国代表大会。张国焘首先站起发言："我很

◎中共一大情景再现(腊像)

荣幸能够代表陈独秀、李大钊二位先生主持中国共产主义组织的首次大会。首先我们进行大会的第一个议题：确定党的名称。”包惠僧起身：“关于党的名称，比较集中的意见是‘中国共产党’。”董必武赞成地说：“蔡和森给润之写信，也建议使用这个名字。”

马林低声对张国焘说了几句，尼克尔斯基马上翻译说：“马林问，北京李大钊是什么意见。”张国焘向大家展示李大钊的亲笔书信，说：“李大钊先生的意思是中国共产党。”投票表决时，代表们全部举手赞同，张国焘大声宣布：“全票通过！”散会后，马林、尼克尔斯基在回旅店的路上，身后有两个鬼祟的身影紧紧跟随。马林低声说：“有人跟踪我们。小心点，不要回头。”

马林、尼科尔斯基躲进汇中饭店，从后面的窗户跳下，才摆脱了暗探的跟踪。

代表们继续召开会议。何叔衡宣读中国共产党纲领草案：“凡承认本党党纲和政策并愿成为忠实的党员者，经党员一人介绍，不分性

◎中共一大旧址内景

别，不分国籍，都可以接受成为党员，成为我们的同志……”读完草案，张国焘宣布：“明天是大会的最后一天，主要的议程是通过党的纲领和选举党的中央机构。”李汉俊补充说：“马林同志和尼克尔斯基同志明天也要来参加闭幕会。”

7月30日，在前往会场的路上，马林和尼克尔斯基没有发觉身后暗探的盯梢。会上，张国焘起身发言：“昨天我们讨论了党纲，如果大家有意见今天可以发表。”陈潭秋抢先说：“我有意见：第四条，不分国籍都可以……”这时，突然传来一阵急促的敲门声，王会悟前去开门，一个灰衣人闯进来。王会悟赶紧拦住他问道：“你找谁啊？你要干什么?”灰衣人鬼鬼祟祟地边向屋内张望着边说：“我找社联的王主席。”灰衣人借口找人向屋里窥视，李汉俊机警地用蒲扇遮挡他的视线。

“对不起！对不起!”灰衣人边道歉边匆匆转身离去。马林觉察到会议可能已引起敌人的注意，建议立刻休会。于是，大家马上分头离开。留守的李汉俊和陈公博正在收拾东西，法国巡捕房的巡警和密探破门而入，开始翻箱倒柜地搜查。搜查了半天，什么证据也没搜到。法国巡警说：“今天，我可以封你的房子，抓你的人。看你们是大学老师，放你们一马。”然后收队撤离。

李汉俊匆匆回到博文女校。张国焘忙问：“情况怎么样了。”李汉俊说：“没事。马林同志说，上海不能待了。”王会悟建议转移到嘉兴去，在南湖里租一条船开会，十分安全。这个建议得到了大家的赞同。何叔衡问：“那马林同志去吗?”李汉俊说：“他说目标太明显，为了大家的安全就不去了。”

第二天早上，代表们来到火车站集合，独缺陈公博。众人正面面相觑，这时王会悟来了。她说：“陈公博回广东了，昨天大东旅店死了两个人。那两个人刚好住陈公博隔壁，一男一女，他们殉情自杀了。这件事情对陈公博和他太太造成了很大的心理恐慌，他太太害怕，所

◎油画:《中共一大会议》

以他们就走了!”

1921年8月1日，嘉兴南湖上，一艘木船在雨雾中漂浮。代表们在船里开会，王会悟打着雨伞，坐在船头放哨。张国焘庄重地宣布：“同志们，现在到了最重要的时刻，讨论最后一项议题，选举党的中央机构。根据民主原则，我们将选举产生中国共产党中央局成员。”大家投票后，包惠僧宣布结果：“应到代表13人，实到代表12人，经过投票，陈独秀、张国焘、李达三位同志当选为中央局成员，陈独秀同志当选为中央局书记，完毕。”

李达抑制不住内心的兴奋，高声朗诵起《共产党宣言》：“共产党人从来不屑于隐瞒自己的观点和意图。他们公开地宣布，他们的目的就要通过暴力的手段，来推翻全部现存的社会制度，才能够达到!”陈潭秋激动地接着朗诵：“让统治阶级在共产主义革命面前，发抖吧！无产者在这个革命中失去的只是锁链，他们获得的将是整个世界!”

这时，毛泽东站了起来，坚定有力地说：“全世界无产者联合起来!”代表们握紧拳头，一遍又一遍地呼唤：“全世界无产者联合起来!”

◎《建党伟业》电影海报

接着，代表们群情激昂，高声唱起《国际歌》："起来，饥寒交迫的奴隶！起来，全世界受苦的人……这是最后的斗争，团结起来到明天，英特纳雄耐尔就一定要实现。"

雄壮的歌声激励着在场的每一个人。船头的王会悟也深受感染，她站起身，深情地注视着代表们。

1941 年 6 月，中共中央确定 7 月 1 日为中国共产党诞生纪念日。中国产生了共产党，这是开天辟地的大事变。从此中国革命的面貌焕然一新。在共产党的领导下，中国走上了民族独立、人民解放、国富民强的光辉道路。中华民族开始了伟大复兴的历史征程。五千年文明古国以崭新的姿态屹立在世界的东方。

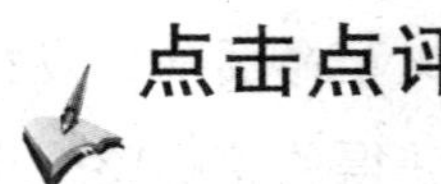

点击点评

创新性·不拘小节、大事不虚·明星阵容强大

《建党伟业》摒弃了传统历史正剧的叙事模式，整部影片没有刻板

历史教科书的镜头，没有说教的讲述，而是采用一种全新的结构模式，以一种线性时间的表达方式将各种历史事件贯穿到一起，再加上其他方面的创新，使整部片子对各类人物形象的塑造显得更加鲜明，从而成功地再现了 1911 年辛亥革命到 1921 年中国共产党成立这段事件内的历史故事和风云人物。

◎《建党伟业》电影海报

为了在有限的时空范围内，展现宽广和影响深远的历史，实现还原历史和构建故事的双赢。影片大胆采用了不拘小节、大事不虚的创作方式，使得影片在保证艺术性的前提下，气韵生动地展现出一幅波澜壮阔的历史画卷，从而增加了影片的观赏性。

值得一提的是，影片不仅场面壮阔，气势恢宏，而且演员阵容强大，明星荟萃。仅主要演员就有 109 位，其中不乏国内的超级巨星。这无疑是影片备受瞩目的最大亮点，可谓开一代之先河。

回望精彩

影片中，由于《湘江评论》被湖南军阀张敬尧查封，毛泽东发动学生和工人，进行“驱张”斗争。他说：“督军府为何要查封《湘江评论》，因为我们说了真话。他们害怕我们将真相大白于天下！有湖南，无张氏！有张氏，则无湖南！”有工友问：“这样的大事，我们这些穷做工的说了也不算啊!”毛泽东回答:“工人两个字结合在一起,就是一个天字。工农大众就应该是这天下的主人。”

“做天下的主人,能有这样的好事儿?”工友的疑虑引发一片笑声。

毛泽东连忙解释说:“这话不是我说的,是一个叫马克思的洋人说的。依照这个主张,俄国的工人已经成为了国家的主人。我们中国的工人也应该起而效仿,推翻我们面前的这个只会欺负和压榨我们的反动政府!”工友们这才信服的发出由衷的赞叹声。

这一片段表现出毛泽东坚持马克思列宁主义,坚决与反动势力作斗争的决心及强烈的救国救民的思想感情。

燎　原

历来有学问的人都是骑在人民头上的老爷。可是我们共产党则是诚心诚意的人民公仆。要叫工人认出这一点，团结起来跟党走！

——共产党员雷焕觉向矿工解释道

影片档案

拍摄年份：1962 年
黑白 / 彩色：黑白
出品：天马电影制片厂
编剧：彭永辉、李洪辛
导演：张骏祥、顾而已
摄影：周达明
剪辑：张架珊
主演：王尚信　饰演　雷焕觉
王熙岩　饰演　易猛子
张　雁　饰演　陈工头
祝希娟　饰演　秋　英
魏鹤龄　饰演　易老倌
齐　衡　饰演　张老耿

荣耀

《燎原》是一部中国电影史上为数不多的反映共产党领导工人运动的优秀影片。它讲述了煤矿工人们血泪斑斑的命运以及在党的领导下开展罢工运进行不屈不挠反抗和斗争的历程，指明了中国工人阶级成为一个自觉战斗的先进阶级的必由之路。

历史背景：安源路矿工人大罢工

中国共产党成立后，在党组织的发动和领导下，中国工人阶级的觉悟很快得到提高，工人运动开始出现蓬勃兴起的局面。党的二大后，工人运动继续高涨。

在风起云涌的罢工斗争中，安源路矿工人大罢工产生了重大影响。1921 年秋冬，中共湖南支部书记毛泽东两次到安源调查，向工人深入宣传革命道理。年底，湖南党组织派李立三等到安源开展工作。1922 年 2 月，建立了中共安源支部。同年 5 月，安源路矿工人俱乐部成立，李立三被推选为俱乐部主任。9 月 12 日，李立三主持召开

◎安源路矿工人庆祝罢工胜利纪念合影

安源支部会议，并成立罢工指挥部，由李立三任总指挥，刘少奇任俱乐部全权代表。

经过充分的准备，安源路矿工人于 9 月 14 日举行大罢工。俱乐部发表《萍乡安源路矿工人罢工宣言》，提出保障工人权利、增加工资、发清饷银等 17 项要求。这次罢工迅速得到全国各地工会的声援和社会舆论的支持。最终，路矿当局迫于工人罢工和社会舆论的压力，不得不于 9 月 18 日派出全权代表，同工人俱乐部的代表正式签订有 13 款内容的条约，接受工人提出的要求。

这次罢工是中国共产党第一次独立领导并取得完全胜利的工人斗争，是中国工人运动史上的一次壮举。

光影故事

一

一个伸手不见五指的矿洞里，不时传出一种带有节奏性的撞击声响。在一盏摇曳着微弱光影的矿灯下，一个上身赤裸，身材高大的矿工正不断挥舞着岩尖（一种类似镐头的挖煤工具），奋力地向坚实的煤壁砸去。他肌肤乌黑如油，在灯光的照射下闪闪发亮；两臂的肌肉明显凸出，看上去结实有力。他保持着原来的姿势，以固定的动作接连不断地打击着煤壁，小块的煤屑四散飞溅。煤

◎《燎原》电影海报

◎总平巷井口，1898年，清末邮传大臣盛宣怀在安源创设煤矿，为当时全国十大厂矿之一，总平巷建于开矿初期

壁上出现了小小的裂口，突然，被强有力震击的煤壁发生了崩裂，大块大块的煤块哗哗地落了下来，伴随着的“哗啦啦”响声霎时间淹没了整个矿洞……

1925年，在阴沉的天色下，赣西煤矿笼罩在一片愁云惨雾之中。一群衣着褴褛的煤矿工人集聚在矿局办公大楼前，愤激地挥舞着岩尖，运煤电车的轰鸣声掩盖了他们怒吼的声音，但他们一张张充满愤怒的面孔却透露出一股坚强刚毅的神情来。

自鸦片战争以来，帝国主义列强与封建官僚、买办资本家相互勾结，残酷镇压、剥削中国人民，广大劳苦群众陷入水深火热之中。煤矿工人辛苦运出的煤炭，便成了白花花的银元塞满了洋人、老板的腰包。可是，矿工们的微薄饷银却是被层层盘剥，月月拖欠。苦难的煤矿工人为了生活，这次，自发地举行了罢工，要求发放拖欠的饷银。

办公室楼上的窗口，有几个洋人和中国工头，他们冷眼望着这群愤怒的工人。矿工们推不开铁门，就动手用岩尖砸击，有的索性爬到上面去。人们不断向里面扔石块，发泄怨愤。忽然，空坪上起了一阵骚动。有人喊：“来了，肖昌定来了！”

只见肖昌定由几个青年矿工簇拥着，打人群里走过来。人们马上

拥上去，关切地叮咛道：“肖昌定，你嘴头子要硬啊！”

“肖昌定，一定要矿上发清欠饷。”

肖昌定把手上的大红帖子一扬说：“大家放心吧！公司督办亲自到了矿上，下帖子请我们议事，总会拿句话出来的。”一个姓易的青年矿工眉飞色舞地说：“是啊，他们还敢怎么样。”张老耿拉拉跟在老萧身后的姓易的矿工说：“易老弟，你们当心啊，矿上连洋枪队都调来了。”

“洋枪队又怎样？他们也是人，是人就不能不讲道理！”肖昌定坚信一定会为矿工们讨回公道。在矿工们簇拥下，肖昌定向公事房栅栏门走去。

在阴森森的总公事大厅里，四周站满了头戴竹篾尖帽的差役和执刀持枪的兵丁，位于中间位置的长案前的太师椅上，坐着公司督办、矿局总办和德国总矿师，他们一个个都杀气腾腾的样子。刚一进门的肖昌定一看到这种阵势，即可感觉到一种不祥之感。这时，一名差役报告苏总办说：“肖昌定带到！”于是苏总办开口问道：“你就是领头闹事的肖昌定吗？”

“兄弟们抬我出来给督办大人回话。”肖昌定理直气壮地说，“要矿上发清欠饷。”

“胡说！”苏总办把脸一板，打断肖昌定的话，“本矿是官督商办的重要实业，关系重大。你领头闹事，朝廷降下罪来，你担待得起吗！”

肖昌定一听，顿时火冒三丈，按捺不住心头的怒火据理驳斥：“各位大人，今天是你们下帖请工人代表议事。我是代表，不是犯人，而你们这些吃人肉喝人血、进行无耻欺骗阴谋陷害好人的人才是罪犯！”

“放肆！”坐在当中的孙督办把桌子一拍，厉声喝了一句，旋即回头招呼，“协统大人——”协统常得胜领命，随即吼了一声：“绑!”

下面的差役一阵吆喝，肖昌定一看形势不对就准备要向外走，这时拿着鬼头刀的差役就围上来。肖昌定拳脚有两下子，他抬腿一脚，把清兵手上的鬼头刀踢飞了，顺手抓起一把椅子，打算杀出一条血路。

这个时候的肖昌定横下一条心，他愤怒地说了声："这是官逼民反！"他三拳两脚便把上来动手的两个清兵打翻在地。肖昌定奋力抵抗，清兵一个个都不敢靠近。"混蛋，放枪！"常得胜吆喝道。

于是一个清兵端起洋枪，乒然一声，肖昌定中弹，举着的椅子掉在地上。他脚步踉跄，手捂胸口，扭过头来，脸色凛然地怒视孙督办。这时栅栏门外，台阶上的清兵像得了信号，端起洋枪，朝天放了一排枪。停在铁路上的"铁闷子"车厢，铁门"哗"地拉开了，一队手执马刀的清兵，纷纷跳下车，向空坪方向扑去。

同时由坪子两边，大队手执马刀的清兵包抄了过来。毫无准备的矿工们四散奔逃，家属们，孩子们吓得号哭着逃命。清兵在人群中捕人，有的被绑上了，有的还在奋勇抵抗。

一个姓易的矿工愤愤于色，拿起手上的岩尖，想上去搏斗，突然张老耿一把拉住了他。张老耿把他一直拉到一个隐蔽所在然后才悄悄说道："人家又是马刀又是洋枪，你拼得过？"姓易的青年矿工痛苦地喘息着说："完了！完了！"他无限悲伤地地抱着头，蹲了下去。

大厅上，肖昌定已经昏迷过去。两个差役把他架着，站在长案面前，听常得胜宣读罪状，常得胜摇头晃脑的说道："查肖昌定系会匪首脑，纠众闹事，阴谋不逞，着即正法。从犯十八人监禁终身。今后如有再敢聚众滋事者，一律严惩不贷。"

常得胜读完，挥了挥手，差役们把肖昌定架了出去。肖昌定站的地方留下了滴滴鲜红的血水。这时，悲愤的歌声响起：

血海深仇，万丈深，

矿工的生活苦噢，

要比牛马苦三分！

吃的是阳间飯，

干的是阴间活！

到何时啊拨开乌云见青天

矿工们的真实生活到底是什么样子呢？那么就让我们通过下文来仔细了解一下那个时代的赣西煤矿采煤工人们的生活和劳动过程吧！

在低矮，狭小，深长的煤窑里，什么也看不清楚，只看见几盏萤火似的灯光，慢慢向前移动着，这是几个拖煤工在艰难地行进。矿工们头上缠着头巾，矿灯插在包头的帕子里，一根黄麻编织的寸把宽的带子，从肩头斜挂下来，一直齐至臀股，后面吊着盛煤的篾篓。他们借着头顶微弱的灯光，斜着肩膀，光裸着身体，吃力地一步一步地在高低不平而又倾斜的坡上“扯拖”。

他们继续前行，煤洞陡然矮下来，他们便把矿灯咬在嘴里，伏在地上，两只手也当脚来使用，像蛤蟆似的，肚皮几乎贴着地面，一步一步地爬行，一不小心，不是头顶碰着支柱，就是背脊骨触到棱形的煤石上。

穿过了矮洞，又到了一个低洼的巷道，里面充满了水，矿工们便像水蛇般地在水里游，喘着气拖着煤簸箕。只见张老耿在巷道里正使劲推着一辆铁皮煤车走向一个坡道。他头上是汗，背上也是汗。他用两手推，推了几步，觉得十分吃力，便反转身子用背脊推，一脚一脚死劲地蹬着地面，使出全身的力气和煤车搏斗。而煤车却顽固地在原来的地方慢慢移动一点又后退一点。一个工头拿着竹篾走过来，不问情由，就拦头打下来。

张老耿力气使完了，一不小心手一松，煤车便顺势滑下来。他心慌意乱，想用力去阻挡，可是煤车向下的冲力越来越大，他没有力量挡住它。张老耿被煤车推送着，眼前金星乱射。眼看就要出危险了，易老倌和另一个工人看见，几步跳过来，迅速用身子挡着煤车，使它稳住，张老耿跌倒在地下。易老倌一面用背脊挡着煤车，一面招呼跌在地上的张老耿起来继续推车。

大巷道来往着运煤电车，小路上来往着上下班的矿工。矿工们就像溃败的兵，一个个提着矿灯和岩尖，神形沮丧，脚步蹒跚，陆陆续续地走了出来，听见电车铃响，便把身子贴在潮湿的墙上。他们浑身都是黑的，只有眼睛和嘴唇上有点白色。有的穿着单衣，有的就算是穿着件棉袄，也是露着油渣似的棉花的破棉袄，有的更是连裤子也没有，只用头上的包头帕围住下身。迎面抬来两乘轿子，一乘坐着洋矿师，另一乘坐的是总监工。矿工们站住，眼光里喷射着仇恨的怒火，但是没有说什么，又低着头走了。

又矮又脏的工棚内摆满了床铺。每个床铺都是上中下三层，上面的人坐起来头就碰着屋梁，中间的人更是伸不直腰板，处处给人一种压抑窒闷的感觉。床铺的宽度本来是单人的，但规定要睡两个人，人挤着人，人压着人。地上铺着麻袋稻草，也睡满了人，连踩脚的空隙也没有。那盏昏黄的小电灯，把屋子照得阴凄凄，愁惨惨。在矿工们的床头，很少能看见衣被杂物，除了他们的身体，什么也没有。睡不着的在喘息咳嗽，醒过来的心里绞痛。该上班的起来了，拖着疲惫的身子出去，留下来的半边位，又马上为刚出班的，更加疲惫的身体所填补。

这就是清朝末期赣西煤矿采煤工人的真实劳动环境和生活环境。他们不仅遭受着资本主义的压迫和剥削，更是遭受腐败的清朝政府官员的残酷镇压。悲惨的煤矿工人在官商勾结的制度下过着牛马不如的

生活，他们非常渴望能找到一个替劳苦大众说话评理的组织，带领着他们同那些奸商贪官进行彻底的斗争。

二

1921 年，伟大的中国共产党诞生了。东方破晓，一轮红日喷薄而出。从此，工人阶级在党的领导下开始了自觉的、有组织的革命斗争。

不久，在党的安排下，共产党员雷焕觉来到了赣西煤矿。同是共产党员的火车司机贺青心，把雷焕觉介绍给前来迎接的陈振云。陈振云忙上前问候："我是矿上的绞车工。看了长沙书记部寄给我们的《劳动周刊》，心里直发痒，就是不知道怎么干，雷先生来指导太好了！"

随后，雷焕觉来到商会见过负责本地区平民教育的沈会长。他刚走出门，只见一个姓李的青年工人气急败坏地吵嚷；"耍钱你们搞鬼！不玩了又不让走，输打赢要，这时霸王赌！"一听此话，几个流氓就要围上来动手打人，忽然，有人大声喊道："住手！"只见人群中突然插进一个身材高大的工人。这个工人就是性情好爽的易猛子。只见他按住流氓的手说："怎么，还有逼人借债的！"

徐监工猛喝一声说道："易猛子，这里有你什么事？"

"哪有这种霸王赌！"易猛子袒护着青年工人说，"赢了不让人走，输了还不让人走？"

几个流氓一看遇上"碴子"便忙把徐监工搬了出来。徐监工是矿上的一霸，他依仗矿长吴晓岚、总监工王连奎的势力，巧取豪夺，无恶不作。这时徐监工把手上的牌一丢，正预备过来揪易猛子，一看易猛子身后还站着几个年轻工人，杨标、李魁在易猛子左右一站，已经摆好打架的姿势。

徐监工和流氓们没有马上动手，双方正僵持着。这时易猛子的父亲易老倌闯进赌摊，一把抓住易猛子，喝道：“干什么，又在这儿惹是生非！”易老倌拉着易猛子，边走边训：“你这个脾气啊！人跟鬼斗，你斗得过！”

雷焕觉留心注意着刚才发生的一切，他饶有兴趣地问陈振云说：“那个青年人是谁?”

陈振云解释“叫易猛子，脾气就像闹花灯的薛刚，一伙人一天到晚使拳弄脚……”。

雷焕觉兴趣盎然地听着，思索着。

雷焕觉为了发动群众开展工人运动，很快，便办起了工人夜校。他在学校门口张贴了招生广告。下班路过的矿工们看到广告之后便都围了上来，大家七嘴八舌地议论起来：

“这真是新鲜事，不要钱，不收师爷。”

“兴许是耶稣教玩什么把戏。”

◎安源路矿工人补习夜校旧址

“说不定是小善堂做好事，体恤工人。”

这时，易猛子、杨标、李魁、郑海生也挤在人堆中看着。正好雷焕觉扛着夜校的招牌出来，于是他在门口招呼大家：“工友们，都来念书吧。”一个工人说道：“工字不出头，念了书也翻不了身。”

雷焕觉笑道：“这位工友解错了，工字顶大，上顶天，下立地，工人两个字加起来，是个‘天’字——你们说还有比‘天’大的吗？”这时，总监工的大舅子陈工头粗声恶气地嚷着挤了进来：“谁在这里调皮扯筋！”工人们的议论顿时停止了，本来带有好奇喜悦的脸色一时沉下来，转为忐忑不安。

“我们谈学堂。”矿工郑海生瞟了他一眼说，“人家长沙省城来了先生。”

“黑脚板还想中状元！”陈工头鄙弃地嘟哝着，又扫了一眼雷焕觉，“哪来的，有没有公事？”

雷焕觉得知他是陈工头后，便把他领进屋里，拿出公事交给他说：“平民教育会有信给这里的商会沈会长，我已经拜望过了。这是县衙门的批示，请检验打印全不全！”

“哦，哦，是官家办的呀！是官家办的就好，是官家办的就好……”陈工头一见盖着鲜红官印的文书，立即慌慌张张地退了出来。

雷焕觉跟着出来，招呼大家：“工友们，都进来坐吧。”易猛子一甩胳膊扭头就走：“我不想当司爷！穿长褂的先生还能跟我们煤黑子一条心！”说完，转身便走了。

雷焕觉陷入沉思：“是啊，历来有学问的人都是骑在人民头上的老爷。可是我们共产党则是诚心诚意的人民公仆。要叫工人认出这一点，团结起来跟党走！”

在靠近堆满垃圾的小河边上，有一大片低矮倾斜的破茅屋。这是矿工们的家。一间看上去比牛棚还要破的茅屋，竹筋泥糊的墙壁，有的地方已经有了洞。稻草盖的屋顶，由于年久失修，已经霉烂呈现紫黑色。这就是张老耿的家。此时，他正在恭恭敬敬给菩萨上香。他的女儿秋英推门走了进来。“爹，回来啦！”秋英看见有一个小纸包，惊喜地问，“这是什么?”

张老耿满是皱纹的脸上堆着笑：“打开看看。”秋英打开纸包，见是一块花洋布，两朵彩色绒花。“哎呀！好看，真好看。”张老耿告诉女儿这是上庄洋布。当看到秋英爱不释手的样子时，老耿也浸沉在难得的喜悦中。

秋英是张老耿的独生女，她从小和易猛子一起长大，并一直互相爱慕。这些两家的老人都是看在眼里的。近来，老人考虑他们都大了，便决定把婚事办了。张老耿陈债还未还清，又借了新债买来这块新布，要为秋英做一件新衣裳。

成亲的日子就要到了，可是易猛子为了一家人的生活还得下井挖煤。这天中午矿工们吃的是霉米饭，大家抱怨起来：“吃的猪狗饭，干的是牛马活……”

这时郑海生接过话茬，用在夜校学到点东西说道：“这是剥削！这霉米饭、盐水汤顶多值块把钱，可工头一个月却扣我们两块半，这叫剥削！”

郑海生的话像火把照亮了易猛子的心，大家忙问他是从哪听来的。郑海生说；“是从夜校雷先生那里听来的。”易猛子正要打听夜校的事，就见陈工头提了根棍子走下井来，一见郑海生他们坐在一堆说话，就随手挥着手上的棍子，一面打一面骂：“干什么！吃饱饭不干活，在这儿聊天磨洋工？还站着干什么，滚！”工人们被打得纷纷逃开，陈工头又向巷道深处走去。

就在这时，正在刨煤的刘德平忽然身体摇晃起来，手里的矿灯、岩尖全部掉在地下。接着，他身体不能支持地倒了下去。易老倌急忙

冒着生命危险把他救了出来。陈工头见刘德平倒在地上，举手就要打，并且嘴里咋咋呼呼地说道：“下煤窑就是碰运气，就你的命金贵，快起来干活！”

易猛子肺都气炸了，他一把夺下陈工头的棒子大声骂道：“你还有人心没有？通风巷早就坏了，你们不关心工人的死活，拖到今天还不给修。人呛坏了还想动武，也欺人太甚了！”

易老倌和张老耿看通风巷再不修非出人命不可，他俩不顾大伙的阻劝，一起面见了矿长吴晓岚和总监工王连奎。张老耿上前把井下的事故述说了一遍，央告说：“求求矿长大人、三老爷行行好事，体恤我们工人的心情吧！”

王连奎不以为意地说：“哪个矿里没有瓦斯，就你们的命值钱！”

“挖煤的也是人，你们就是这样不通人情吗？”易老倌再也忍不住了。

阴险狡诈的吴晓岚，害怕扩大事态于己不利，忙从中打了圆盘：“大家有话好好说，你们都是吃了几十年矿上的饭了，该多下力气，多出煤。至于矿里哪里该修，我们有通盘计划，请先回去吧！”

张老耿和易老倌只好无可奈何地走了。吴晓岚又拿话来顺通王连奎，他知道修通风巷的款子早已被王连奎入囊肥己了，就说：“老兄的手也得松一点，总得叫我在吉田董事长面前搪塞得过去呀！”

易老倌在矿上向矿长、总监求情受了一顿白眼之后，回到家里又让儿子易猛子一顿数落。他无心吃饭，气哼哼地吹纸煝子（一种点烟的纸卷）吸烟。雷焕觉自从来到矿上后，访贫问苦做了大量社会调查，对这里的阶级状况和群众的思想了如指掌。当他得知这个情况后，就和陈振云来到他们家里看望易老倌，正好听到易老倌父子俩的争吵。

易猛子大声说：“不是我顶嘴，老耿大伯是出名的泥巴坨，人家捏圆就圆，捏扁就扁，你非得跟着他去自找气受！”易老倌被说急了，烟袋一拍，板着脸问：“依你说，该怎么办?”易猛子一下被问住了：“依我？把王胡子拖进黑巷子打他个半死!”

“那就了事了?”易老倌问，“那下井就不遭鬼打了？这苦日子就好过了?”

三句话问得易猛子答不上来。易猛子想了一阵，还嘴硬：“反正不能低声下气，去求那些狗娘养的。”

易老倌向雷焕觉抱歉地笑笑：“年轻人真不知道天高地厚。”雷焕觉一直静静地在旁边听着他们父子的争论，这时插话说：“大伯，易猛子这话有道理，资本家都是一个铜模子铸出来的，你哭不出他的善心来。”

“你看，是吧?”易猛子这下更有了理，挥了挥拳头，“他们只认得这个!”陈振云笑着看看易猛子说：“易猛子兄弟，拳头硬是有好处，可你那两只拳头也捶他不烂。”

“拳头？哼!”易老倌又发话，“拼拳头也不只拼过一回了，哪一回得了正果？人家有枪杆子撑腰，有印把子做靠山!”

“是啊，所以我们工人也要找靠山啊。”雷焕觉说。

易老倌不解地问道：“靠谁？工人就是一个肩膀两只手，有什么靠山?”雷焕觉耐心地说：“大伯，工人的靠山就是我们工人自己。你想，这矿山有万把工人，要是大家拧成一股绳……”易老伯摇摇头叹口气说道：“唉，一百个猴儿一百条心。难啊!”

雷焕觉笑着说：“俗话说得好，天下无难事，只怕有心人啊!”听了雷焕觉的这句话，易猛子似有所思，好像明白了什么似的。他想是应该号召大家团结起来，拧成一股绳，这样才算真正找到了工人的靠山!

雷焕觉的学校开始红红火火地开展起来了。这几天屋子里读书的人还算不少，除了陈振云、郑海生，还有3、4个铁路工人，连平时难得一来的刘德平也稀罕地来了。

只见屋子里前方的黑板上画了一个煤矿工人，他佝偻着腰，背上背着一叠三层大石头似的方块，第一层上写的是“帝国主义”，第二层上写的是“军阀资本家”，第三层上写的是“封建把头”。大家入神地听着雷焕觉在讲：“我们工人一天能挖一吨煤，现在世界市场上，一吨煤价要16块大洋。可是东洋人拿我们的煤，一吨才作价3块钱！”说着，他在黑板上画了一个方柱形的框框，说到3块钱。就在下面五分之一的地方划了一下，用粉笔把上面五分之四涂掉了。

雷焕觉接着继续讲道：“工人的血汗叫帝国主义喝掉了五分之四，可这剩下的三块钱。工人拿多少呢？照矿局规定，只有二角七分钱！”说着，他又拿粉笔把剩下的五分之一的大部分涂抹掉了。他又指着那仅余的一小块说，“这剩下的一点点，再叫工头七折八扣，重重盘剥，落到工人手里，还有多少呢？”

“10个大铜板！”郑海生激动地喊道。这时屋里七八个人，马上你一言我一语激动地说开了。

“连10个铜板也不到。”

“都给他们吃光了。”

“你要是不讲我们还不知道呢。”

“这些黑良心的家伙！”

这时，窗子外面站着一个人，他的情绪跟随着大家的激动情绪而起伏不定，这个人就是易猛子。陈振云跳起来激动地嚷嚷：“妈的，这洋人、资本家、工头，都是穿了连裆裤子，骑在我们工人头上的！”

“是呀！”雷焕觉接嘴说，“他们就是要工人永世做牛做马养活他们！”

刘德平苦笑着插话说：“雷先生，我们工人苦是苦了点，可也不至于是畜生、牛马。”见刘德平还没有明白过来，陈振云抢着说：“你一天到晚四只蹄子替老板干活，动不动脚踢鞭子抽，不是牛马是什么！”

雷焕觉继续启发道："老刘，养牲口还要喂草喂料，井里出了煤气，老板、监工只图自己发财，不修通风巷，连工人死活都不顾。你说在老板眼睛里，工人哪一点比牛马强啊？"

听完这话，大家静默不言。这时站在门外的易猛子声若响雷地说道："你说吧，老雷，"他跑进来问，"有没有办法不做牛马，不给他们骑？"

"哦，易猛子！"雷焕觉明快而坚定地说，"有，易猛子兄弟，当然有。"

"什么办法？"易猛子急不可耐地问。

"首先，要大家知道自己是在给人作牛马。"

"这你一点明，我们心里都亮堂了。还有呢？"易猛子刨根问底的地继续追问着。雷焕觉笑呵呵地说道："光这几个人知道了还不够，要全赣西矿所有的工人都明白这个道理，大家挺直腰板，齐起心来跟资本家斗！"

"全赣西矿的工人？"易猛子露出失望的神情。

"易猛子，来夜校听道理吧。"陈振云劝易猛子。

"这样一个和尚一个和尚地去念经，那念到什么时候！"易猛子不满地掉头走了。看到易猛子走了出去，陈振云不满地发着牢骚说道："唉！我们这里的工人，水准就是低！"

雷焕觉从沉思中惊醒，坚定地说道："不，振云，一锹挖不成个井的。好了，大家接着谈吧。"于是大家又继续开始了刚才的讨论。

这一天，是一个喜庆的日子。秋英要过门了。街坊邻里的相亲们都忙碌地张罗着，大家脸上都挂满了笑容。平日凄凉冷落的茅棚顿时充满了欢声笑语。眼看上轿的时辰已经到了，可是张老耿和易猛子还没回来。秋英正等得着急，忽然矿上的汽笛吼叫了起来，顿时，大家都愣住了。汽笛是报丧，说明井下出了重大事故。秋英急忙扔下盖头，向矿进跑去。

由于矿井下通风不良，酿成瓦斯爆炸，伤亡惨重。噩耗传遍全城后，焦急万分的矿工家属像潮水一样涌到井口，哭爹唤儿的惨叫声混成一片。

此时井下的巷道里已燃起熊熊的烈火，吴晓岚下令立即封井断氧，熄灭火灾，他气急败坏地说："我们要保住矿井，人有的是！快快封井！"于是，总监工王连奎带着大批矿警，把实施营救的群众驱打开，并带走了正在领导营救的雷焕觉和易猛子，强行封严了井口。负了重伤的张老耿被活活封在了井下……

夕阳西下，天空浑浊。悲愤的矿工家属用呆滞失神的眼神一锹一锹地挖着坟墓。在参错垒垒的土堆之间，出现了不少新墓，到处是悲悲切切的呜咽，到处飘扬着纸钱的灰。凄厉的晚风毫不怜惜人们的悲伤凄惨的心情，它漠然不顾地吹拂着墓地四周的草木，使墓地坟头上败落的衰草发出飒飒的声音。

雷焕觉沉痛地看着这凄惨的景象，眼光里充满了愤怒。当晚，他回到党校，与支部成员贺青山、陈振云、郑海生一起商讨了对策。他决定把这次事故的真相在报纸上公布出去。

很快，《大公报》上刊登了"赣西煤矿空前惨剧"的报道。消息迅速传遍了全国，激起了广大人民群众的极大义愤。吴晓岚在社会各界舆论的压力下，不得不把抓来的人放了，并向死难家属发放了极其微薄的抚恤金。

这天傍晚，当易猛子被释放回家后，见秋英家围满了人。他抢进门一看，床上躺着死去的秋英，脸色白得像纸。原来，陈工头带人前来找秋英要债，让秋英偿还张老耿生前欠下的债。秋英哪有钱偿还利滚利的高额债务。秋英无法，又不甘心受辱，最终选择上吊自尽，结束了自己年轻的生命。

易猛子弄清了事情原委后，决定豁上一条命要为秋英报仇。雷焕觉将他制止住了：“用自己的一条命，去换陈工头的一条命，那是再容易也没有了！可是你能改变大家的命运吗？”易猛子扑倒在桌子上，失声痛哭起来。

在雷焕觉耐心诚恳地帮助下，易猛子认清了自己应走的道路。从此，他积极参加夜校学习，革命觉悟不断提高。

最终，在雷焕觉的主持下，经过一番筹划，工人自己的团体——“工人俱乐部”成立了。各行各业前来祝贺的人齐聚一堂，一片欢腾。

三

工人办起俱乐部，成了吴晓岚的心腹之患。他深知俱乐部就是工人的代言人，组织起来的工人就不好对付了。为瓦解俱乐部，他指使一群地痞流氓开了个“游乐部”，和俱乐部唱对台戏。

游乐部开张数日，连说带骗，依然是门可罗雀。最后，他们使出威逼利诱的手段，强迫工人退出俱乐部，参加游乐部。徐监工对矿工刘德平软硬兼施，威逼他退出俱乐部，参加游乐部。他对刘德平的妻子说：“妻贤夫少祸，两口子商量商量拿个主意，要加入游乐部好处

◎安源路矿工人俱乐部旧址

说不完，要参加俱乐部，小心饭票子过河!”

刘德平生性胆小怕事，便退出了俱乐部。面对工运积极分子郑海生的极力说服，他说：“你不知道我的难处，放心吧！我不伤害俱乐部，也不加入他们的游乐部。”郑海生把刘德平送回家时，正巧被徐监工看见了。他看郑海生妨碍自己的事，就暗暗记在了心里。

这天上工后，郑海生正在运煤，徐监工走了来大骂道：“看你还敢拆我们的台!”说完就抡起大棒，照着郑海生的头部狠狠打去，郑海生一头拱在地上再也起不来了。徐监工一看人死了，急忙掏出手绢擦去了郑海生脸上的血迹。这一切都被刘德平看在眼里，徐监工恶狠狠地威胁道：“他是得急病死的，你要乱说，他就是你的榜样!”

“郑海生死了!”听到叫喊声，工人们都围了过来。易猛子质问郑海生是怎么死的，徐监工矢口否认，百般抵赖，支支吾吾说是得急病死的。易猛子激动地对围过来的矿工们说道：“弟兄们，我们要替郑海生申冤，不能让人白白打死。”

易猛子此事不能善罢甘休，于是他和工人们把郑海生的尸体抬往矿局评理。陈德平当着众人的面，猛地从徐监工的衣兜里扯出那条带血的手绢，高声叫道：“我亲眼看见他打死郑海生后用这条手巾擦掉了他脸上的血!”

真相大白了。工友们群情激奋，一致声讨徐监工的罪行，为郑海生报仇。吴晓岚叫人把徐监工压了下去，假笑着说：“好了，事情弄清楚了，大家上工吧！我一定依法严办，依法严办!”说着，就想离开这里。

易猛子大喝一声说道：“慢点！大家都慢点走!”刚准备离开的矿工们又围了上来，一下子在吴晓岚旁边围成一道人墙。吴晓岚出不去，只好站住。易猛子趁机向工人们揭露了老板和监工的阴谋，他声色俱厉地说道：“弟兄们！他们想击垮我们的俱乐部，才对海生哥下此毒手！俱乐部是我们靠山，绝不能让他们的阴谋得逞！”

易猛子的话深入人心，矿工们从这次事件中受了教育，擦亮了眼睛，大家情不自禁地高呼：“惩办凶手！拥护工人俱乐部！”工人们激愤地呼喊成一片：“拥护俱乐部！”“要徐监工抵命！”

吴晓岚一看情势对他们非常不利，于是换了一副嘴脸，假惺惺地答应大家一定会惩办凶手徐监工。在工人们的强烈呼声中，心虚的吴晓岚轿子也不坐，慌忙和王胡子夹起尾巴灰溜溜地溜了。

没想到的是，过了一段时间，郑海生的冤仇不仅未报，徐监工反而被放出来了。徐监工还恶声恶气地扬言要杀易猛子和刘德平。这一在矿工当中引起了轩然大波，大家纷纷表示要和矿务局算算总账。有的人甚至说要和矿上拼个鱼死网破。为了解决这一问题，雷焕觉和贺青山、猛子、陈振云连忙召开党支部紧急会议，他们一起商量拟定罢工条款。

最后，雷焕觉严肃地说道：“好，我们全体党员一致同意，如果矿上不接受这些条件，立即罢工！现在我们的任务是：把赣西 1 万 2 千工人全部发动起来，组织起来，作义无反顾的斗争！”

而此时的矿务局的官员们也正在公事房（矿上的办公厅）商议对付工人俱乐部提出的条件。王连奎念着工人提出的条件：“……积欠工人存饷一律清……职员、工头以后不得殴打工人……”他气得把条件往桌上一丢，连叫：“反了！反了！”

吴晓岚铁青着脸，狠命地抽烟。他瞟了王胡子一眼说：“顶厉害是头一条，俱乐部有代表工人之权。要是咱们承认了这一条，俱乐部就成了我们的太上皇!”

经过一番策划后，吴晓岚把北洋军镇守使请了过来，决定逮捕俱乐部的首脑人物。可就在这个时候，罢工开始了。煤矿和铁路工人停止生产，纷纷离开岗位。矿区彻底瘫痪了。

罢工一连持续了五天。吴晓岚急了，便让商会沈会长到俱乐部，要雷焕觉亲自赴约谈判。吴晓岚妄想通过这种方法来生擒雷焕觉。大家觉得其中有诈，易老倌说：“老雷可不能去，光绪年间他们杀肖昌定就是这一套!”

雷焕觉笑着说道：“大伯，时代不同了，有党的领导，有大家的团结就不怕他们！不去就给他们留下了口实。”雷焕觉对敌情做了充分的估计后，便和大家一起研究好一切应急措施，便和沈会长来到刀枪林立的矿局大楼。

雷焕觉独自一人大义凛然地步入总工事大厅。十三年前杀害肖昌定的场面就要开始重演了。只见厅里戒备森严，十几个卫兵，枪上着刺刀，有的提着盒子枪，靠墙站着。这根本不是什么谈判，而是阴谋的审判。王胡子摆出一副作威作福的嘴脸说道：“雷先生，你煽动工人罢工，图谋不轨，罪行严重！现在给你一个立功赎罪的机会，马上叫工人复工!”说着，他连连用眼睛示意李程远对雷焕觉采取威吓措施。

得到信号的李程远猛地把桌子一拍，发威道：“放肆！什么谈判，镇守使有通缉令，再不老实，我就把你就地正法！来人啊!”几个拿盒子枪的士兵齐声应着，从四面涌上去。雷焕觉把这一手早估计到了义正言辞地据理驳斥：“我是应邀代表工人来进行平等审判的！吴矿长约会却避而不见，并依仗武力开庭动审，这时违背弃义的欺骗行为。不接受我们的条件，绝不复工!”

这时，上千名矿工打着罢工的大旗，呼啸着从四面八方涌了过来，把矿局的楼房围了个水泄不通。李旅长正要下令开枪镇压，被吴晓岚制止了。他慌忙跑到平台上，要求大家静下来：“大家来了，我吴某人非常欢迎，屋子实在太小，不然大家全都到屋里来……”

工人们不理睬吴晓岚，高喊着要见雷主任。他们无奈把雷焕觉请了出来。雷焕觉出现在走廊的栏杆前，轻轻挥了一下手，巨大的声浪顿时静下来。雷焕觉以激昂的语气说道："兄弟们，你们辛苦了。请大家忍耐一下，只要我们团结得好，谈判一定会成功的。"

工人们大声喊道："他们要不老实，就不跟他们谈了!"这次易猛子表现得非常积极和冷静，他对雷焕觉说道："雷主任，叫矿长给我们回话!"

吴晓岚走到栏杆前想摆架子，又觉不对劲。这时易猛子大义凛然地说道："告诉你，雷主任就是我们1万2千人的代表。你们要是敢伤害我们雷主任一根汗毛，我们就不客气!"

听了此话的吴晓岚感到非常尴尬，他感觉答应也不是，不应也不是。站在那里像一个猴子一样非常不自在。这时，一向刚硬的易老倌走出来，指着阳台上的吴晓岚，警告道："你们趁早老老实实谈判，少想耍花招，告诉你，这回你们就是泥鳅也不要想滑过去。"

吴晓岚哭丧着脸，望望雷焕觉，望望底下一片愤怒的人海，想说什么又不敢说。这时外面响起了昂扬的歌声：

我们不是牛马，我们是人
我们不是牛马，我们是人
弟兄们，快快觉醒
斩断锁链、铲除压迫
大家团结一条心
……

工人们越唱越起劲，越唱越激昂，激昂的歌声像一颗颗子弹一样射进吴晓岚的内心深处。吴晓岚吓得面如土色，感到空前的孤立和无助。这时雷焕觉催促道："怎么样啊，吴矿长。"

沈光头走上来对吴晓岚劝道："哎，还是谈判吧。"

吴晓岚心惊胆战，有气无力地吐出几个字：“谈，谈判。”

谈判协议书上，吴晓岚用一只颤抖的手，在路矿两局代表项下签上了“吴晓岚”三个字。

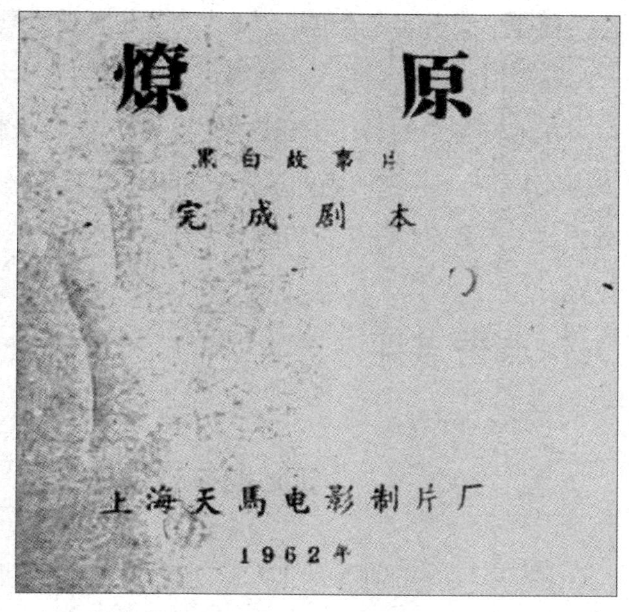
燎 原
黑白故事片
完成剧本
上海天馬电影制片厂
1962年

◎电影《燎原》完成剧本

当得知谈判胜利的消息后，一群年轻矿工打着“从前是牛马，现在要做人！”的横幅做前导，兴高采烈的工人欢快地结队游行。

听着外面热闹非常的欢呼声，吴晓岚、王胡子从楼窗里看着工人的游行队伍。王胡子咬牙切齿：“哼！这出戏还没完呢！”

矿工们已不惧怕那些贪官污吏们虚张声势的恐吓，继续进行着各种形式的庆贺活动。只见在鞭炮声中，雷焕觉站在高台子上，对上万的工人讲话：

> 是的，这只是一场开锣戏。我们要争取的不仅仅是做一个不挨打不挨骂的人，我们要做国家的主人，作世界的主人！

听了雷焕觉激昂的话语，易老倌情不自禁地振臂高呼：“工人万岁！”群众跟着欢呼：“工人万岁！”

刘德平低声问易老倌："工人万岁也喊得？只有皇帝才叫万岁。"

易老倌高兴地说道："喊得，当然喊得！"

在他们身边的易猛子插进来说："工人将来就是要坐天下的。工人万岁！"听了易家爷俩的解释，刘德平非常高兴，也兴奋地跟着大伙喊："工人万岁！工人万万岁！"

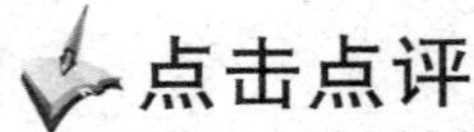

点击点评

工运题材·对比手法

《燎原》是一部典型的工人运动题材的影片，讲述受压迫欺凌的赣西煤矿工人起来进行反抗斗争的故事。它通过一个个生动的艺术形象，深刻地展示出一个历史时代，反映了中国共产党成立后，中国工人阶级不断发展、壮大的历史过程，具有深刻的思想意义和强烈的艺术感染力。

影片特别运用了鲜明的对比手法，强化了艺术效果。例如两次谈判，第一次谈判肖昌定的失败是因为当时没有共产党的正确领导，工人阶级的觉悟不是很高；第二次谈判则不然，有了共产党的正确领导，工人阶级形成了一个团结的有着强大力量的整体，这就迫使敌人不得不低头。通过这两场戏的强烈对比，告诉我们共产党的领导是革命取得胜利的关键所在。

回望精彩

影片中，雷焕觉自从来到矿上后，访贫问苦做了大量社会调查，对这里的阶级状况和群众的思想了如指掌。当他得知矿上的通风巷迟

迟得不到修缮的情况后，便号召大家团结起来，拧成一股绳，找到工人的靠山！易老倌听了，垂头丧气地说："一百个猴，一百个心，难哪！"

雷焕觉耐心地说："俗话说得好，天下无难事，只怕有心人啊！"

这一片段深刻地表现出雷焕觉救劳苦人民于水深火热之中的坚定决心以及他崇高的革命信仰。

星光：张骏祥

张骏祥，1910 年出生，江苏镇江人。1927 年考入清华大学西洋文学学习。1936 年进入美国耶鲁大学戏剧研究院，专攻导演。1939 年回国，教学并任话剧导演。新中国成立后，他先后改编和创作了影片《胜利重逢》、《鸡毛信》、《新安江上》、《六十年代第一春》，导演了影片《翠岗红旗》、《淮上人家》、《燎原》、《白求恩》、《大泽龙蛇》，对于影片《燎原》，导演张骏祥以高度的时代感和历史感，运用娴熟的电影蒙太奇语言，以强烈明快的节奏，层层推进的情节，表现了工人运动的磅礴气势，创作了这部电影史上为数不多的反映共产党领导工人运动的优秀影片，具有史诗的特色。

◎电影连环画《燎原》

风　暴

头可断，血可流，决不复工！

——林祥谦被捕后大义凛然

影片档案

拍摄年份：1959 年

黑白 / 彩色：彩色

出品：北京电影制片厂

编剧：金山

导演：金山

摄影：朱今明

特技摄影：张尔赞

主演：李　翔　饰演　林祥谦

金　山　饰演　施　洋

张　平　饰演　孙玉亮

吴　雪　饰演　老　何

后　羽　饰演　白坚武

四　华　饰演　陈桂贞

冯一夫　饰演　吴佩孚

荣耀

作为一部在银幕上再现我国工人阶级英雄形象的优秀影片，《风暴》以其独特的艺术魅力，感染了成千上万的观众，成为人民心目中一部经久不衰的经典佳作，堪称中国电影史上绝无仅有的“史诗式的历史片”。

人物：林祥谦·施洋

林祥谦

◎林祥谦

林祥谦（1892—1923）福建闽侯人，又名元德。1912 年进京汉铁路江岸机务大厂（江岸车辆厂前身）做工。1922 年加入中国共产党，任京汉铁路工会江岸分会委员长。

1923 年林祥谦赴郑州参加京汉铁路总工会成立大会，会议遭军阀吴佩孚指使的军警破坏后，他赶回江岸领导工人罢工斗争。2 月 7 日林祥谦被俘，被反动军阀绑在江岸车站的电杆上，当局逼他下复工命令。林祥谦坚贞不屈，高呼：“头可断，血可流，工不可复！”英勇就义。

施　洋

◎施洋

施洋（1889—1923）湖北竹山人，原名吉超，号万里，字伯高。1917 年毕业于湖北法政专门学校。1919 年在武汉当律师。1921 年 9 月参加中国劳动组合书记部武汉分部工作。

1922 年施洋加入了中国共产党。同年他被聘为武汉工团联合会、粤汉铁路总工会法律顾问。1923 年 2 月，施洋参与组织领导京汉铁路工人大罢工。7 日晚被捕，在狱中和法庭上与敌人作针锋相对的斗争，15 日在武昌英勇就义。

历史背景：京汉铁路大罢工

京汉铁路大罢工，亦称“二七大罢工”，是京汉铁路工人在中国共产党领导下举行的一次大罢工。为适应全国工人运动日益高涨的形势，京汉铁路总工会筹委会经过多次酝酿筹备，决定于 1923 年 2 月 1 日在郑州召开京汉铁路总工会成立大会，却遭到直系军阀吴佩孚的武力阻挠。

1923 年 2 月 7 日，吴佩孚在美英帝国等支持下，命令其部萧耀南、张厚生等在郑州、江岸、长辛店等地进行血腥镇压，工人被杀 36 人，伤数百人，被捕入狱 40 余人，被开除千余人，造成“二七惨案”。京汉铁路总工会江岸分会委员长、共产党员林祥谦，总工会法律顾问、共产党员施洋先后惨遭杀害。2 月 9 日工人被迫复工。

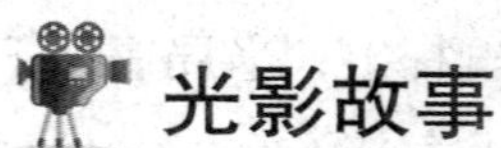

光影故事

一

1922 年夏天，江岸车站，一列军车呜呜长鸣地驶过去。车站不远处是一片歪歪斜斜、破烂不堪的工人住区。由于军阀混战，民不聊生，京汉铁路工人都过着悲惨的生活。

工人江有才家的生活更是困难，他家早就揭不开锅了，而且还有一个急需治病的婴儿。无奈之下，他将自己仅有的财产———床旧棉絮拿到当铺典当，却被轰了出来。极度郁闷之下，江有才来到一家小

酒馆喝酒解愁。

工人黄德发路过酒馆，见到江有才，生气地说：“你的孩子都快病死了，你还在这儿喝酒？”江有才悲观地叹了一声：“死了算了，谁让他出生在咱们穷人家呢！”黄德发卷起他的旧棉絮，把他拉出酒馆，安慰地说：“有才，别丧气，好机会来了，跟我走。”

◎《风暴》电影海报

回来的路上，两人碰到了黄德发的妻子，黄德发对妻子说：“你快去跟江弟妹说别着急，有了赚钱的好机会了，我们去开压道车，送魏处长的老太爷上城看戏，回来就有钱给孩子抓药了。”

魏老太爷的儿子魏学清，是当时江汉铁路局警务处长。魏老太爷仗着儿子位高权重，骑在人民头上作威作福。这天，黄德发和江有才驾着压道车，送魏老太爷进城看戏，不料路上遇到一辆火车。一名工人正在对铁路作检修，见火车开来，急忙对他们喊道：“快把压道车让开！”

黄德发忙劝魏老太爷避让一下。谁知，魏老太爷根本不听，他呵斥道：“有我在这，怕什么？往前开！”见火车越来越近，老爷子干脆站了起来，挥舞着拐杖，冲着火车大喊：“快停车，快停车，再不停车，我就枪毙你们……”

黄德发和江有才继续劝老爷子下车，魏老太爷急了，给了他们俩一人一个耳光，黄德发跳下车。就在这一刹那，只听“嘭”的一声，火车和压道车撞在一起，魏老太爷被撞死了，可怜江有才也同时被撞身亡。幸亏黄德发动作快，跳下了压道车，这才幸免于难。

而此时江有才家里，江有才的妻子正抱着奄奄一息的病婴，痛苦不堪。黄妻安慰着她，让她想开些。这时黄德发气喘吁吁地推门而入，黄妻奔过去，扶住丈夫问："怎么啦，德发？"

惊慌失措、喘息不止的黄德发抓着门框，绝望地说："江有才没了！"江妻、黄妻顿时愕然。接着，黄德发把江有才和魏老太爷被火车撞的事告诉了她们。江妻得知丈夫惨死在车轮下，顿时悲痛欲绝，昏死过去。

屋外人声喧嚣，工头胡大头带着十二个铁路警察，气势汹汹地在门外吼叫："啊！凶手在这儿。"黄德发问道："谁是凶手？"胡大头不由分说，命令警察将黄德发带走。十二个路警一拥而上，把黄德发架走了。黄妻在后面声嘶力竭地喊着："救人啊！"

胡大头气势汹汹地押着黄德发经过江岸小镇福建街，口中叫嚣不停："黄得发压死魏老太爷了！"妇女、老人、失学的工人子弟们不约而同地跟在后面，黄妻拉着江妻边喊边追赶："救人啊！救人啊！"

从一间低矮的小木屋里，跑出另一位青年妇女。这人衣衫破旧，但补丁却匀称而整洁，她是机厂工务段修理工人林祥谦的妻子陈桂贞。她惊愕地望着过路的人群，而后把这个消息告诉了自己的公公林瑞和。

林瑞和在机厂找到了自己的儿子林祥谦，把事情的经过告诉了他。林祥谦非常着急，立马找到地下党负责人老何，连同吴伯林，三人开了个小型会议，商量营救黄德发的问题。最后，三人决定，派吴伯林到汉口请施洋大律师当法律顾问。

正巧，施洋大律师从汉口回来，他们面临着黄德发被送到审判厅去治罪的局面。现在，老何、林祥谦、施洋等人就在铁路警务处楼下等候着。楼下聚集了很多工人，胡大头正在驱赶着他们，但是没有一个工人离开。

◎施洋雕像

不一会儿，黄德发由警察押着走下楼来。工人代表孙玉亮从人群中挤出来，上前责问胡大头：“你们打算把黄德发带哪儿去？”胡大头回答说：“送审判厅，枪毙！”黄妻“啊”地惊叫一声，陈桂贞急忙扶住了她。

孙玉亮忍住愤怒，压低了嘶哑的嗓音说：“不行，不能走。”胡大头跑到楼梯处，向楼上大叫：“处长，工人要造反啦！”一个便服重孝的秃头中年人从屋内阔步走出来。他一手托着腰间的盒子枪，一手指着前方威胁地问：“谁敢造反？谁敢造反？”他就是京汉铁路局的警务处长魏学清。

林祥谦上前一步说：“请魏处长把黄德发放了。”魏学清盛气凌人地喝道：“放了？你管得着吗？你是干什么的？”林祥谦镇定地回答：“我是工人俱乐部管事的，工人的事情，我们都得管。”

魏学清愣了一下，看了看四周，意外地感到形势有些不妙，外强中干地说：“什么？你们工人俱乐部还包打官司？不理，带走！”林祥谦毫不畏惧地拦住他们的去路，说：“请问魏处长，黄德发犯了什么罪？”

魏学清蛮横无礼地回答说：“你们没眼睛了？他把本处长的老太爷害死了！明白吗？”林祥谦进一步问：“有什么凭据？”魏学清支支吾吾地说不出来，转头要胡大头作证明。胡大头心虚口拙地说他可以担保。

魏学清和胡大头一唱一和，说黄德发不光害死了魏老太爷，也害死了江有才。林祥谦气愤极了，连忙把吴伯林叫出来。吴伯林上前责问道："胡大头，你瞎说。压道车出事的时候你压根儿就不在场，我是亲眼看见的，魏老太爷揪住江有才连打带骂不肯下压道车，才被军车撞上的，这怎么能怪黄德发呢？"

魏学清一时理亏，说不出什么，冲着警察大喝一声："带走！"警察们架起挣扎中的黄德发要走，林祥谦上前一步，大声说："站住！你不要侮辱我们工人，我们不能一辈子当牛马！想打官司吗？好，打吧。您请出来吧！"

穿着旧的鼻烟色长衫，灰布裤、黑单鞋的施洋穿过人群，稳步走近了黄得发。魏学清假装欢迎，并可怜兮兮地说家父惨遭杀害，规劝施洋不要过问铁路上的事情。施洋正色道："对不起，我是受人委托，不能不来尽我做律师的责任。"

魏学清忍不住要变脸："你受谁的委托？"

林祥谦回说："受我们工人俱乐部的委托，我们工人委托施洋大律师到这儿来讲道理。"围观的群众都纷纷要求施洋律师出面讲话。

施洋把胳膊向魏学清脸前一伸，用律师的身份和语气，正义凛然、一字一泪地开始了他有理有据的雄辩和控诉。首先，施洋绘声绘色地描述了全案的经过，然后他又对在场的工人说："工人兄弟们，这难道还不明白吗？真正的杀人犯是谁呢？正是那位已经死去了的魏处长的父亲！"

魏学清被施洋的气势震慑住了。施洋又把目光转向了在场的工人，说："工人弟兄们，哪个丈夫没有妻子，哪个妻子没有丈夫？"施洋指着江有才的妻子继续说，"她没有了丈夫，她的丈夫江有才被魏处长的父亲害死了，她难道甘心俯首帖耳不表示抗议吗？这难道是公道的吗?”

工人们听了施洋为黄德发和江有才作的辩护，群情激愤，一致要求替死者申冤。施洋继续为工人利益辩护说：“工人黄德发，因遭受魏处长父亲的纠缠，被迫跳车受伤。他额头的鲜血未干，右腿还有伤痕，这难道不该由魏处长父亲的儿子魏处长你来负责赔偿他的一切损失吗?”

施洋犀利的措辞直逼魏学清，魏学清一时语塞。围观的工人群众一致表示，支持施洋大律师维护工人阶级利益的严正立场。魏学清和胡大头见势不妙，只得将黄德发放了。

江岸铁路机厂的汽笛长鸣。下工的工人们从机厂的边门鱼贯而出，刚刚下班的孙玉亮和林瑞和对身边的工友示意：“到俱乐部去。”过了不久，地下党员老何、林祥谦、施洋等人在俱乐部里经过商议，决定成立工会，把工人组织起来，反抗压迫。很快，铁路江岸工会正式成立了。

吴伯林激动地对黄德发说：“今天要把俱乐部改成工会了。”大家听了之后非常高兴，顿时感觉前途一片光明。

在党的领导下，京汉铁路线上先后成立了 16 个工会。施洋他们表示如果将来时机成熟再成立总工会，那时铁路工人的力量就更壮大了。

林祥谦还办起了工人夜校，借机宣传阶级斗争，提高工人觉悟，发展新党员。这项工作开展得很顺利。业余时间，林祥谦一边学习革命理论一边进行实践，工人中谁遇到困难，他总是第一个站出来，尽全力给予帮助。

在工人夜校，施洋大律师给铁路工人讲俄国十月革命的故事，大家听得津津有味，开始懂得什么叫剥削，表示要向俄国工人阶级学习，团结起来闹革命。林祥谦对工人们说：“咱们工人阶级要抱成团才有力量。要是能把京汉铁路上 16 个工会全捏在一起，搞个总工会，这样，咱们就有 3 万人了。那时候，咱们腰杆就更挺了。”工人们纷纷表示拥护。

二

铁路局局长赵继贤行色匆匆，来到吴佩孚的参谋长白坚武在汉口的公馆，向他报告工人要成立总工会的事。白坚武说：“你的电报接到了，大帅对你很不满意。”赵继贤有些紧张，他赶紧辩解道：“工人提出大帅‘保护劳工’的口号，兄弟不得不批准他们成立工会。”

白坚武提醒赵继贤，工会非同儿戏，闹不好会引发大罢工。赵继贤忍气吞声：“所以兄弟一批准他们开会，马上呈请大帅镇压，这件事兄弟处境实在为难。”白坚武忠告地说：“京汉铁路还牵扯到洋人的利益。现在，你首要的使命是清查工会的一些首要分子，立刻电呈吴大帅。”赵继贤点头称是。

一幢灰色平房，门口挂着一块白底黑字的木牌，上面写着“郑州京汉铁路总工会筹备委员会”。门内三五成群的一大片工人在活动，人们的情绪非常高涨。京汉铁路总工会成立大会马上要在郑州举行了，各地工人代表已经陆续到来。

门外马路口，赶来一辆马车，车上坐着一个肥胖的警官。马车停在门口，警官昂首而下，径直走进门内，傲然地问：“你们这儿由谁负责?”

人群中，老何、林祥谦、施洋、孙玉亮、黄德发、吴伯林及其他工人们都回头向门口望去。老何首先走向警官问他有什么事情。

这个警官自我介绍说叫黄殿辰，是郑州警察局局长。接着，黄殿辰厉声说道：“2 月 1 日，不准你们在这儿开什么总工会成立大会。”众工人非常惊讶，问为什么。黄殿辰回说，“吴大帅有令，郑州是军事重地，不准开会。”

林祥谦拿出赵局长批准开会的呈文，说：“我们到郑州来开会，是铁路局赵局长批准了的，这是他的官印。”黄殿辰连看都没有看，说：“没有吴大帅的关防（民国以及民国以前封建官吏的官印），不准开会。”

施洋看不下去了，上前一步说：“我们有法律依据。局长先生，国家司法军人不得干预，你懂吗？”黄殿辰理屈词穷，只得无赖地说道：“本人是军人，只知道服从，你们要有能耐，就到洛阳去求吴大帅发一道开禁令，否则，不准开会。”说完，跳上马车走了。

京汉铁路总工会决定选派代表到洛阳跟吴佩孚讲理。老何、林祥谦和孙玉亮作为代表进入巡署衙门，要求吴佩孚立即接见。这时，吴佩孚正在用朱砂在林祥谦、施洋、孙玉亮三人的名字上画圈。

他们被白坚武带到吴佩孚的书房。吴佩孚问道：“你们开什么大会啊？”林祥谦与老何、孙玉亮互相对视了一眼，回说：“我们京汉铁路总工会的成立大会，大帅不是知道的吗？”吴佩孚装作一本正经的样子说：“我已经根据赵局长的请求，下令禁止你们集会了。我既然下了命令，我就不能不守信。”

老何用和平的语气说：“大帅不是‘保护劳工’的吗？”吴佩孚瞪了老何一眼，目中微露凶光：“是的，你们都是我的属下，将来都有前途，不要自误。”说罢，他站起来好像又对白坚武谈着另外一件事情似的说，“这件事，你办一下。”接着吴佩孚转身进了内室。

白坚武接过这个烂摊子，对他们说：“这件事情要怪你们赵局长，现在已经下了禁令，也绝不能收回成命了。”接着，又笑里藏刀地说，“兄弟诚恳奉劝三位，只要肯替大帅出力，大帅有意聘请三位做顾问，每月干薪 240 港洋。至于总工呢，大帅的意思仍然可以办，不过不要太张扬。”

听了白坚武的话，老何机智地回说："这事我们三个人做不了主，得跟大伙商量。"白坚武问："都是谁？"老何回答："16 个分工会的代表。"白坚武表示 16 个代表都可以荣任大帅的顾问。老何急忙说："那我们马上回去商量。"说完，他们就匆匆离开了巡署衙门。

谈判取得了初步的胜利。林祥谦、老何迅速赶到郑州，召开成立京汉铁路工人总工会大会。接着，他们带领游行队伍向会场走去。施洋带队的武汉工团工人游行队伍也来了。两支游行队伍汇合成一个，浩浩荡荡向大会会场开去。

大会会场门前，黄殿辰布置好武装警察，游行队伍被拦在了门外。黄殿辰对林祥谦等人厉声喝道："绝对不准开会。"接着，走到拿着枪的警察队伍中间，对门外的工人游行队伍喊道，"大家注意了，再往里挤，就开枪！"

施洋对正在瞄准射击的警察说："警察兄弟们！你们知道你们手里的枪都是谁造的吗？是工人们造的。这些枪不是打工人的，是打敌

◎京汉铁路总工会旧址

人的！你们为什么把枪口对准了自己的穷朋友、穷弟兄呢？”警察们听后，都觉得有道理，要他们开枪打工人兄弟，真是天理难容。

林祥谦当机立断，喊道：“冲啊！”工人大队立即响应，向大门口涌来。接着，工人们用树桩撞开大门，像潮水一样涌进门来。黄殿辰见招架不住，狼狈地喊道：“工人先生们！帮帮忙，帮帮忙。你们不能开会……”工人们不理会他，继续往里冲，直到进入会场。

在会场上，林祥谦走上主席台，高声喊道：“我现在宣布，京汉铁路总工会成立大会现在开始！”

黄殿辰又跑到会场上来，祈求地说：“各位帮帮忙啊，你们不能开会……”工人群众一边大喊着“滚出去！”，一边把黄殿辰轰出了会场。

黄殿辰回到自己的办公室，一边喘着气一边打专线电话向白坚武汇报，讨求良策，以对付这群铁路工人。白坚武在电话里训斥道：“你马上宣布紧急戒严令，封闭总工会。把他们全部押解出境，但是不要开枪。再出意外，我要你的脑袋！”

黄殿辰立即在京汉铁路总工会大门上贴了封条。接着，又对郑州市实行了紧急戒严。各商店、旅店门前都有军警持枪把守。市民沿街沉默地伫立观望。一个警官宣布：“局长命令，任何人不许三五成群地讲话，违者马上逮捕。”

老何、林祥谦、施洋在候车室商谈对策，提出“争人权，争自由”的口号，把它作为总工会现在斗争的目标。党组织还决定，把总工会迁到汉口江岸办公，于2月4日在京汉铁路全线举行同盟大罢工，并对吴佩孚提出5个条件，不接受就罢工到底。

为了配合罢工活动，施洋废寝忘食地起草通电全国的文告。写完后，他把告全国民众书、告旅客的传单和向吴佩孚提出的5个条件的文稿都交给了黄德发，并叮嘱他说：“告全国民众书要连夜送北京报馆，越快越好。”

为了做好罢工的准备，老何、林祥谦、孙玉亮、黄德发忙着刻印罢工文告传单，又是一夜没有合眼。孙玉亮秘密串联，通知林祥谦的父亲林瑞和：“林大爷，明早 8 点，一拉汽笛，就把手刹给停死，别留空子。”林大爷连连说放心吧。

三

1923 年 2 月 4 日，时钟指向 8 点，林祥谦拉响了罢工的汽笛。铁路机厂所有的火车头都拉响了汽笛，“呜——呜——呜”的汽笛声响彻四方。京汉铁路全线各站统一行动实行了总罢工。

江岸铁路的工人听到汽笛声像潮水一样地涌向罢工集合地点。林祥谦站在高台上大喊：“弟兄们，我们京汉铁路总工会为了争自由、争人权，举行总同盟大罢工，压迫工人的军阀吴佩孚不接受我们的条件，我们决不复工！”群众吼声如雷，经久不息。

工人的罢工行动，吓坏了法国厂长，胡大头陪着他赶忙走出办公室，到大使馆求援去了。京汉铁路 3 万工人举行的大罢工，是对反动军阀和帝国主义的沉痛打击，赢得了全国人民的同情与支持。罢工轰动中外，引人注目。

洛阳巡署衙门内，吴佩孚勃然大怒，对京汉铁路总工会提出的 5 个条件非常气恼，他打算对工人进行全力镇压。白坚武说：“大帅，镇压不难，舆论可很麻烦啊！今年要举行大选呢！”吴佩孚点点头，命令白坚武马上去汉口请教洋大人。

白坚武来到汉口，在英国领事馆同英美总领事会谈。白坚武提出：“只要把工潮解决，又不扩大事态，对你们贵国的权益一定负责保护。”英国总领事顾弗走到窗前，若有所思地说：“假如吴大帅控制不住局

势的话，我们大英帝国愿意为吴大帅贡献一些力量。还有美利坚合众国也给大帅准备了1万支步枪和250挺机枪。”

接着，顾弗拿出《向导周报》对白坚武说：“这是中国共产党的机关报，这上面的言论，同总工会的言论一样，都在攻击吴大帅。请你转告大帅，要特别留神，防止共产党有组织的活动。”

顾弗又躬下身子对白坚武说：“对付共产党，敝国丘吉尔先生讲过一句很有名的话：要趁它还在摇篮里的时候，就把它掐死。”白坚武连连点头，表示记下了。

湖北各工会团体捐献了一批粮食，支援江岸铁路工人罢工。林祥谦为困难户分发救济粮。胡大头躲在一个破房后面，指着远处忙着发粮的林祥谦让便衣小个子认，又对小个子耳语了几句，悄悄离去了。

困难户都领到了救济粮，工人参加罢工的信心更大了。小个子来到正忙着给大家发救济粮的林祥谦跟前，满脸堆笑地递上名片说：“林委员长，赵局长说，总工会提的5个条件，吴大帅都接受了，现在请您去商量一下。”

◎武汉二七烈士纪念碑

林祥谦接过名片，问：“去哪儿？”小个子回说：“就在江岸车站。赵局长很着急，他说再不复工，吴大帅受不了，工人也受不了。”林祥谦说：“你这话有一半是真，好吧，跟你走一趟。”

林祥谦转身对吴伯林悄声说：“吴佩孚要答应条件了，赵继贤打发这家伙叫我到车站去一趟，老何到汉阳兵工厂去了，马上就回来，你千万别离开。”吴伯林点了点头。

老何回来了，吴伯林把林祥谦到车站去同赵继贤谈判的事向他作了汇报。老何警惕地说：“我从汉阳过江的时候，看到汉口沿江有军警出动，情况不对呀！”陈桂贞也跑过来说车站那边来了很多警察。

随后，老何对孙玉亮说：“赵继贤有鬼，叫纠察队员都来。我们赶快上车站把林祥谦追回来。”说完，他又安排黄德发去找施洋。而此时，赵继贤正派外号叫胖子的便衣请施洋去“商量”。

小个子带着林祥谦快走到车站了，法国厂长在高楼上紧张地往下看。这时老何、孙玉亮带着纠察队也赶上来。魏学清着急了，要让军警抓人，赵继贤说：“不要动，现在万不能打草惊蛇。施洋跑不了！”

黄德发来到施洋家，并没有见到施洋。他和工人纠察队立即紧张地寻找。最终，黄德发在街上找到了施洋，不容分说，拉着施洋就走：“走，施洋大律师，跟我走。”便衣胖子见施洋要被黄德发拉走，上前要拉住施洋，被孙玉亮拦住。

孙玉亮揪住他的衣领问道：“你是干什么的？”胖子回答说：“我们赵局长请大律师去……”还没等他说完，孙玉亮就把胖子推了个趔趄，骂道：“去你的吧！”两个军警拔出手枪，要上来帮助胖子抢施洋。工人纠察队上前阻拦，孙玉亮指着军警说：“你们谁敢动！”军警和工人们陷入僵持中。

江岸铁路工人浩浩荡荡地来到英国使馆门前，举行示威游行，抗议反动军阀与帝国主义狼狈为奸，和中国工人阶级作对。林祥谦带领工人对着使馆的窗口呼口号："打倒帝国主义！打倒军阀！"

英国总领事顾弗、美国总领事斯鸠特和白坚武从楼上向楼下窥视。白坚武为了保护洋人利益，已通知军警前来镇压。

林祥谦和参加示威游行的工人刚回到总工会驻地，黄德发跑来送信说："看样子不对头，他们来军队了。"林祥谦说："不要慌，跟他们讲道理。"他让父亲吹起唢呐，周围的工人听到唢呐声，纷纷赶到总工会集合。这时，魏学清、胡大头带着军警向工人走来。林祥谦沉着地对孙玉亮说："带人迎上去，堵住他们，叫他们派人来讲理。"孙玉亮高举"纠察队"旗帜，率领工人纠察队向军警迎上去。孙玉亮喊道："你们站住！有什么事派代表过来讲理。"

魏学清、胡大头用枪对着孙玉亮。魏学清威胁说："快把你们罢工的头子林祥谦交出来，否则要你们的命！"孙玉亮毫不示弱地说："你敢！"魏学清举起了枪。接着，他下令军警对工人纠察队开枪，进行血腥镇压，这次镇压打死打伤很多工人，制造了震惊中外的"二七"惨案。见此情景，林祥谦愤怒地带着工人纠察队冲了上来，同军警扭打成一团。

魏学清命令军警放火烧工人住宅，孙玉亮急了，他抡着工人纠察

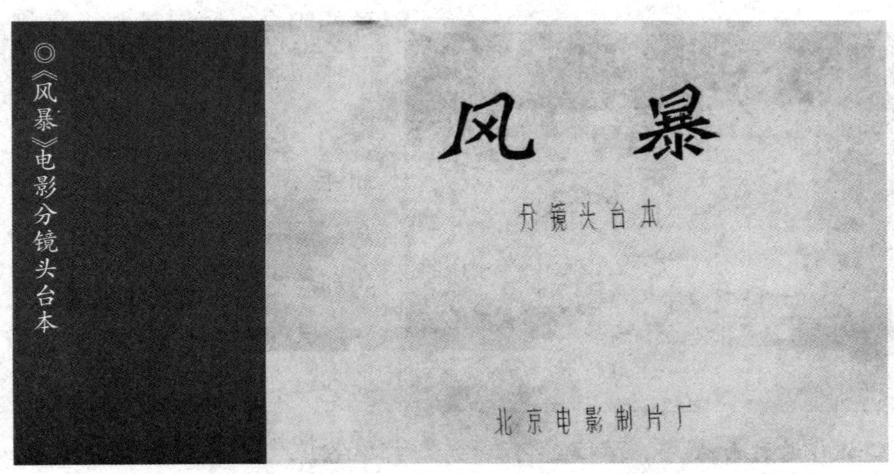

◎《风暴》电影分镜头台本

队的大旗，直向魏学清和胡大头扑来。魏学清和胡大头见孙玉亮扑过来，举枪向孙玉亮射击，由于紧张，没有打中孙玉亮。

孙玉亮扑向胡大头，用双手卡住了胡大头的脖子。胡大头出不来气，不大一会儿，就见阎王去了。孙玉亮继续和军警扭打着，这时，一个子弹飞来，打中了孙玉亮的胸膛。孙玉亮坚贞不屈，毅然坚持战斗到最后，光荣地牺牲了。

◎施洋烈士墓

◎林祥谦烈士墓

施洋正在家中为总工会起草工人要人权争自由的宣言，这时，魏学清派已经派军警来逮捕施洋了。他们来到施洋住宅的里弄，被施洋发现。为了保守党的机密，施洋赶紧烧毁党内文件。

施洋夫人催促着施洋：“你快走，快走吧！”可是已经晚了，军警上楼来了，用力地敲着门。施洋刚上了屋顶的阳台，军警就跟上来将他抓了起来。施洋威严地说道：“你们杀得了一个施洋，却杀不了几万万伟大的民众。”不多久，施洋为了工人的利益英勇地牺牲了。

吴佩孚在全国舆论的压力之下，责成白坚武、赵继贤尽快解决工潮。他们来到

铁路局威逼林祥谦停止罢工。赵继贤说："林祥谦先生，事情已经闹成这样了，我劝你赶快下复工命令吧。你不要执迷不悟，这样你会吃亏的。"魏学清也在旁边帮腔："你今天落在我的手里了，你到底复不复工?"

林祥谦义正词严地说："我早就说过，没有总工会的命令，决不复工。"魏学清气得把林祥谦带到门外广场，大声喝道："林祥谦，千钧一发，你到底是复工还是不复工?"林祥谦说："头可断，血可流，决不复工！我们好好的中国，就断送在你们资本家的手里。"最后，他为了工人阶级的利益，英勇牺牲了。

工人领袖林祥谦和施洋大律师被反动军阀杀害了，但中国无产阶级革命的火焰是扑不灭的，它将点燃全中国。接着，京汉铁路工人又举行了声势浩大的示威游行，全国人民一致声援京汉铁路工人"二七"大罢工，成为震惊中外的历史事件。

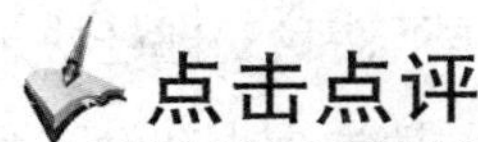

点击点评

取材史料·恢弘细腻·人情化处理

《风暴》是一部重大历史题材的影片。故事以1923年震惊中外的"二七"京汉铁路工人大罢工为背景，描写了共产党员、工人领袖林祥谦和共产党员、律师施洋领导三万铁路工人成立京汉铁路工会，声援受害工人，保障工人权益，与英美帝国主义及军阀吴佩孚英勇斗争的光辉事迹，显示了中国工人阶级团结战斗的雄伟气魄和共产主义思想的无比威力。

在这部作品中既有的恢弘的群众场面，如林祥谦就义、施洋大律师车站演讲、等场面，气势磅礴、激情如注，给观众留下深刻印象；又有微观展示的细腻笔触，以“质”取胜，精心刻画了林祥谦、施洋、孙玉亮等共产党员的英雄形象。

另外，影片摒弃了历史纪实片较易产生的人物性格淡化的通病，巧妙运用了浓烈的人物人情化的艺术处理，使得影片在反映历史真实性的同时，充分发掘出人物细腻的感情思想，闪耀出历史人物的个性光彩，大大增强了可观性。作品在坚持严谨、朴素的创作风格的基础上，严格地遵循了现实主义的创作方法，去枝剪蔓，去芜存精，

回望精彩

影片中，林祥谦面度赵继贤和魏学清的威胁毫不畏惧，表现出共产党人的勇敢无畏的崇高节操。这一片段给人留下了深刻的印象，现在就让我们再重温一遍精彩片段吧。

赵继贤说：“林祥谦先生，事情已经闹成这样了，我劝你赶快下复工命令吧。你不要执迷不悟，这样你会吃亏的。”魏学清也在旁边帮腔：“你今天落在我的手里了，你到底复不复工？”

◎中国电影出版社 1981 年出版的电影连环画《风暴》

林祥谦义正词严地说："我早就说过，没有总工会的命令，决不复工。"魏学清气得把林祥谦带到门外广场，大声喝道："林祥谦，千钧一发，你到底复不复工？"林祥谦说："头可断，血可流，决不复工！我们好好的中国，就断送在你们资本家的手里。"最后，他为了工人阶级的利益，英勇牺牲了。

这一片段生动形象地表现出林祥谦为维护工人阶级的利益，不畏强权、大义凛然，誓死与恶势力血战到底的英雄气概。

星光：金山

金山，1911 年出生于江苏吴县，原名赵默，子缄可。1932 年加入中国共产党。1935 年组织了东方剧社，陆续上演了《娜拉》和《钦差大臣》。1936 年参与组织了"四十年代"剧社。建国后，任中央戏剧学院院长、中国戏剧家协会副主席、电视剧艺委会主任等职。他主演过《狂欢之夜》、《夜半歌声》和导演过《松花江上》、《文成公主》电影等五部具有深远影响的影片。

1959 年金山编导的影片《风暴》是他继《松花江上》之后的又一部成功之作。这部由他自编、自导、自演的影片，成功地再现了施洋这一著名的历史人物。影片以磅礴的气势、动人的力量、高超的技巧生动地表现了 1923 年"二七京汉铁路工人大罢工"的历史风貌，体现了他在"舶来品"艺术规律与民族艺术传统两方面的深厚修养和融会贯通，同时也标志着他的表演艺术达到了一个新的高度。

同时，金山还在影片中出色地扮演了大律师施洋这一角色。他以精湛的演技、真实地塑造了这个革命知识分子的英雄形象，把这个人物真挚、朴素、博识、机敏而有时不免带有激动、急躁的性格特征，刻画得淋漓尽致，生动感人。

南昌起义

我经常想，一个婴儿呱呱坠地，长大，有点知识，很慢很难，只有抓紧时间做工作，才无愧于做一个人，没有权利糟蹋生命，浪费时间。

——周恩来为南昌起义的胜利殚精竭虑惜时如金

影片档案

拍摄年份：1981 年
黑白 / 彩色：彩色
出品：上海电影制片厂
编剧：李洪辛　吴安萍　徐海秋　周大功
导演：汤晓丹
摄影：沈西林
总美术：韩尚义
作曲：吕其明
主演：孔祥玉　饰演　周恩来　高长利　饰演　贺　龙
　　　刘怀正　饰演　朱　德　邵宏来　饰演　陈独秀
　　　王际春　饰演　张国焘　李　宁　饰演　汪精卫
　　　张晓磊　饰演　黑　姑　李显刚　饰演　双　喜
　　　孙渝峰　饰演　刘伯承　王定华　饰演　叶　挺

荣耀

作为一部史诗式的革命历史题材作品，《南昌起义》不仅荣获1981年文化部优秀影片奖，而且在1982年电影金鸡奖评选中多次被提名，最后荣获最佳服装奖。它以独特的艺术魅力，生机盎然地生长在新时期电影的百花丛中。

人物：周恩来·贺龙

周恩来

周恩来（1898—1976），马克思列宁主义者，中国无产阶级革命家、政治家、军事家，中国共产党、中华人民共和国的主要领导人，中国人民解放军主要创建者和领导人。

◎中国电影出版社1983年出版的《南昌起义——从剧本到影片》

周恩来，字翔宇，曾用名伍豪等。浙江绍兴人，1898年3月5日出生于江苏淮安。1917年在天津南开学校毕业后留学日本，1919年春回国。五四运动中在天津组织觉悟社。1920年到法国勤工俭学。1921年参加与发起组织旅欧中国少年共产党。1924年秋回国，先后任中共广东区委委员长、军事部长，黄埔军校政治部主任。

1927 年 3 月领导上海工人第三次武装起义。同年五月任中共中央政治局委员，后参加主持中央政治局临时常务委员会的工作。同年 8 月以中共前敌委员会书记身份领导南昌起义，为创建人民军队做出了重要贡献。

贺龙

贺龙（1896—1969），中国无产阶级革命家、军事家，中国人民解放军主要创建者和领导人。贺龙原名文常，字云卿，湖南桑植人。1914 年加入中华革命党。1916 年起任讨袁护国民军总指挥，澧州镇守使，国民革命军师长兼湘西镇守使、第二十军军长等职务。参加过北伐战争，是著名的左派将领。

1927 年，贺龙参与并领导了南昌起义，担任起义军总指挥，9 月加入了中国共产党。

历史背景：四一二反革命政变·南昌起义

四·一二反革命政变

1927 年 4 月 12 日蒋介石在上海发动的反革命政变。在北伐战争顺利发展、工农运动不断高涨的形势下，国民党以蒋介石为代表的右派集团加紧勾结帝国主义和大资产阶级，准备背叛革命。1927 年 3 月下旬上海第三次工人武装起义胜利后，蒋介石即赶到上海，密谋策划反革命政变。4 月 12 日凌晨，被蒋介石收买的青帮武装分子冒充工人，向分驻各处的工人纠察队发动袭击，工人纠察队奋起反抗。随后，国民党第二十六军周凤岐部借口调解“工人内讧”，强行解除 2000 名工人纠察队武装。13 日上午，上海总工会在闸北青云路举行群众大会，会后整队游行，行至宝山路时，遭到国民党军队的屠杀，群众死于百人，伤无数。此后，蒋介石继续捕杀共产党人和革命群众。近 3 天时间，即有 300 余人被杀，500 多人被捕，5000 多人失踪。

南昌起义

1927 年 4 月 12 日，蒋介石在上海策划了“四·一二”反革命政变，大肆屠杀共产党人和革命群众。7 月 15 日，以汪精卫为首的武汉国民党中央和国民政府也公开宣布“分共”，对共产党人和革命人民实行残酷的屠杀政策。至此，国共两党的合作关系彻底破裂，中国革命形势迅速转入低潮。

面对严峻形势，中央的决定成立中共前委员会，由周恩来、李立三、澎湃组成，周恩来任书记。7 月 31 日，前委决定 8 月 1 日凌晨举行起义。

◎油画：《南昌起义》

8月1日凌晨，在以周恩来为首的前委领导下，贺龙、叶挺、朱德、刘伯承等率领在党直接掌握和影响下的军队2万余人，举行南昌起义。经过四个多小时的激烈战斗，起义军全歼守敌3000余人，占领南昌城。起义最终取得成功。南昌起义打响了武装反抗国民党反动派的第一枪，是中共独立创建人民军队和领导武装斗争的开始。

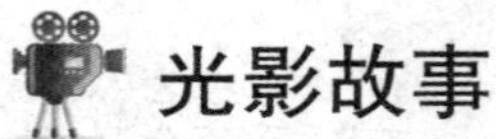

光影故事

一

1927年，正当北伐战争取得节节胜利之时，蒋介石于4月12日在上海公开叛变革命；19日，武汉政府在共产党和国民党左派的推动下，再度誓师北伐，与冯玉祥的国民军，夹击了奉系军阀张作霖；5月21日，许克祥在长沙发动反革命政变，汪精卫不但不予回击，反于6月4日这天在郑州与冯玉祥策划反共，并令胜利进军中的北伐军全部撤回武汉。革命军民疑虑重重，中国的前途将会如何呢？

贺龙领导的独立十五师部队正在进城。只见贺龙、周逸群两个人在马上齐头并进。他们前后左右都是进城的部队。贺龙以一种忧郁的口吻说道："为什么回武汉，是开到湖南去打许克祥吗？"周逸群摇头，语气沉重地说："不会的。"贺龙说："本来可以沿京汉路一口气北伐下去，一个命令下来，撤！"他不禁骂了起来，周逸群沉闷不语。

长江之水滚滚东流，惊涛拍打着江边的悬崖。时任中共中央委员、中央军委书记的周恩来和周逸群心潮起伏，他们正在江岸漫步谈话。周恩来神色忧郁地说道："似乎'马日事变'之后他们要派唐生智回

◎南昌八一起义纪念馆中的雕像《一代英豪》

湖南解决。现在我们与外国同志意见又不一致，陈独秀既无办法又刚愎自用，把希望寄于东征。”

周逸群听了周恩来的谈话，苦恼极了，坐在一块石头上，低头默想。他望着脚下的江水近乎自语：“北伐把蒋介石送上了台，东征讨蒋，是不又会给哪一个新军阀造机会？”

周恩来若有所思地说道：“要是当初在广州，我们不是只搞一个独立团，而是多搞几个独立团，那现在就不至于只有叶挺的一个师了。”周逸群接着说道：“我记得当时你主张在各军建立像叶挺一样的独立团，以党团员为骨干，作为各军的核心力量。”

周恩来坚定地点点头说道：“这个主张没能实行呀。逸群，党现在急切需要寻找武装。”

听了此话，周逸群舒展开紧皱的眉头从容地说：“我们十五师，战斗力倒有，执行贺龙师长的命令坚决，只是旧习气比较严重。”

周恩来说：“都说贺师长为人很正直。”

◎《南昌起义》电影海报

周逸群说："不仅正直，而且有觉悟，他在寻找一个好领导。"周恩来高兴地说道："什么时候我找他谈谈。"

贺龙的部队刚回武昌，蒋介石的说客李仲就以高官厚禄拉拢贺龙。李仲手里拿了张任命状，上面写着"兹任命贺龙为国民革命军第三十一军军长"，下面是总司令蒋介石的蓝色签名长章。李仲说："你鞍马劳顿还没解乏，我就拖你来洗尘，有些不敬，可这也算是人敬，事关你老弟的前程，我已经候驾多日了。"

贺龙把信向桌上一丢，脸上现出讽刺的微笑。李仲说："这只是暂时安排，过去了干得好，当然不止一个军长。贺龙说："真人不说假话，我是在找一个好的领导。"李仲说："蒋公这个领导好，多少人要求他领导。"他迫不及待地端起酒杯，"为我们能一块共事喝一杯，先干为敬。"

可是贺龙没有端酒杯，却望着窗外的黄鹤楼。李仲虚伪地说道："我这个人就是重感情，念旧，蒋总司令对老弟特别器重，我极力保举了你。"

贺龙气愤地说道："老蒋在各地大杀工农，夏斗寅、许克祥叛变，老蒋对日本记者说都是他授意的，这种人?"李仲打断他说："政治上的事，我们都搞不懂，让他们去操心，你我……"

这时，贺长生匆匆入内报告说："师长。双喜开小差了，还带走

好几个湖南兵。”贺龙立即发火开骂说：“流年不利，人家抬头见喜，我出门碰鬼，有些狗杂种眼睛不亮，有的不愿跟我干，有的要拖我下水！叨扰，叨扰。”贺龙不理李仲下楼而去，小牛、贺长生跟着出去。

贺龙来到双喜所在的店门口向里喊道：“双喜，出来！”双喜出来说：“师长，我憋得慌，干不下去了。”贺龙疑惑地问道：“为什么？”二虎上前插嘴说：“许克祥在湖南杀人，为什么？是我来拉他回湖南的。北伐军过湖南，我们自愿当挑夫，一肩一挑到长江。可是占了武汉，你们就翻脸不认人了，蒋介石是新军阀，武汉政府就没有新军阀吗？”

小牛上前辩解说：“我们没杀过工农。”二虎说：“你们杀过杀工农的人吗？”几个农会干部的人围过来说：“军阀手中铁，工农颈上血！”小牛看他们逼上来，立刻掏出手枪来。贺龙按住他的手。

双喜说：“师长，求您，这枪我带走。”贺龙拿过枪说：“你有志向，我不留你，枪不能带走，”说完转身走去。双喜把军装扔在地下，气呼呼地说道：“没枪也要走。”

这时黑姑（双喜的妻子）从人丛中冲上前，指着双喜骂说，“要不是我机灵，从湖南一口气逃到这儿，你这辈子也抱不成老婆了，亏你想得出，开小差！”黑姑越说越气，她把身背的包裹解下来说，“这是你爹娘的尸骨末子，我们的房屋地基，一把火就剩下这点渣渣了，我对得住你了，你去送死吧！”双喜捧着包裹哭泣说：“黑姑，黑姑，我要报仇！”黑姑说：“人家整团整团的反水，你单枪匹马报什么仇！一根拨火棍管什么用。”贺龙听着他们的谈话，沉闷地坐在台阶。他在心里自问，出路到底在哪里？该怎样从那些军阀手中解救天底下受苦受难的劳苦大众。

中共中央总书记办公室客厅正在开会。周恩来激动地说道：“总书记，革命到了紧急关头。我们不掌握军队，要听人宰割呀！”

陈独秀不紧不慢地说道："这你不是不知道，两党有过谅解，我们自己不搞武装，尽力发动民众，所以才把一些从事军事工作的同志调去当党代表，加强政治工作。"周恩来耐心听他说完，然后痛心疾首地诉说起来："他们到处摧残工农运动。我们何必把自己捆死！'马日事变'就是宁汉合流的信号。"

陈独秀淡淡地说道："不要危言耸听，唐生智已经回湖南去处理了。"

周恩来停顿了一下又继续说道："总书记，那么汪精卫答应纠察队两千条枪，你是否在两党联席会议上提一提？"陈独秀仍然拒绝，："两党联席会议名存实亡了，提这种事叫人起疑心。"

周恩来忍住心中的愤怒，放缓语气："总书记，我们对汪精卫要有精神准备，他假左派的面目已经暴露……"陈独秀打断他的话说道："时局的关键是拉住汪精卫，鼓吹东征讨蒋，至于土地革命、工农运动等等，等打下南京之后再去谈判，搞好和国民党左派的关系仍然是我们的工作中心，"

停了一会儿陈独秀又继续说道："我们没有力量呀，老鲍说湖南农运是地痞哥老会在领导，这怎么不糟！"

斗级营街旅店里面热闹非凡，一群人围在周逸群身边听他讲时事新闻。周逸群激动地说道："贺师长不是别的师长！他来自农村，17岁就敢于拿起菜刀，砍芭茅溪的盐卡。现在到处压迫工农，他能不痛心吗？"

双喜高兴地说道："周主任把时局一讲，我心里踏实了。"这时，周逸群发现周恩来已经走进旅店，于是急切地问道："周部长，你怎么来这里？"

周恩来笑着说道："我从湖南会馆来，打算去看贺龙师长，听说斗级营街住了很多湖南来的人。所以我想过来看看。"周逸群告诉他这

里住的都是湖南农会基层干部。周恩来环顾众人，问他们为什么不参加部队。

双喜难为情地说道："我刚开小差，怕师长骂。"旁边的二虎抢着说道："我们都想入伍。"黑姑也抢着问说："队伍上收女兵吗？"周逸群说："我们宣传队有女同志。"黑姑脱口而出："我不卖狗皮膏药。"周恩来笑着说道："好，我们一道去看贺师长。"

周恩来在周逸群的陪同下来到贺龙面前，贺龙热情地抓住周恩来的手说："打我知道有个黄埔，你的大名就在我心里唱歌，今天如愿以偿。"双喜惭愧地凑上来说："师长，我们回营了。"贺龙对双喜说："伙房里还留有饭，去洗个澡吧。"双喜说："还有一大帮湖南弟兄要来参加我们部队。"周恩来说："部队需要新鲜血液，贺师长你说呢？"贺龙感动地说："没见面，你就帮我做了工作，稳定了军心，周主任，带他们去补名字吧。

贺龙将周恩来让进客厅进行详细的交谈。贺龙对周恩来感激地说道："我那些部下，可以说身经百战，可是在政治上不及宣传队的娃娃，过去移防，照例由副官处打前站，弄得鸡飞狗走，要啥没啥。这次北伐河南，宣传队娃娃打前站，要驮有马，要挑有人，站站有人接送，周逸群可成了我的一条胳臂。"

周恩来笑着说道："两把菜刀就是你革命的起点嘛！被压迫阶级必须造成本身的武力。"听了这话，贺龙感慨良深地说道："我半辈子在找道路，找着了共产党，我要跟着你们干到底！你们可不要把周逸群调走，这个部队我带一天，他就可以放心大胆地干下去。"

周恩来接着说道："你那个把兄，三十五军何键，这次回来，恐怕有所举动。"贺龙说："他呀，他想做曾国藩。我能干什么尽管叫我干，叫周逸群给我传个话就行。"天已大白，吴少新和周逸群进来，吴少新走近周恩来，小声说："聂荣臻同志叫我来接你。"周恩来站起说："与君一席话，胜读十年书。"贺龙说："我不识字，掉不来书袋。一席话胜十年书。"两人说着走出客厅。

共中央委员们正在鲍公馆大厅中开会。蔡和森说："唐生智名义上是回湖南查办，实际上他组织了十路讨乡大军。他的反动面目已经如此明显，我们决不能任人宰割，鱼游釜底。我抱病前来作最后的呼吁。要求中央派我去湖南工作。"周恩来进来说："打断一下，三十五军明天晚上就要发动政变。"陈独秀说："可靠吗？"周恩来说："可靠，他们已经在暗中动员了，还放出谣言说纠察队要缴三十五军的枪。这和上海的'四·一二'，长沙的'马日事变'一模一样。"谭平山说："邓演达临走关照过，要我们警惕汉口的'马日事变'，他说何键肯定要开刀的。"

陈独秀说："你怎么不向中央报告？"谭平山连忙解释说："我想择生（邓演达）是猜测之词。"蔡和森说："中央这种作法，早已险象环生，军事形势怎么样？我要求过中央做一个军事计划。"陈独秀说："军事力量对比一目了然，这还用问！"

周恩来接着说道："三十五军驻汉阳，李品仙部卫戍汉口，三十六军驻防汉郊。第八军驻……"蔡和森问道："工人纠察队实力怎么样？"周恩来说："枪支号称三千，能用的不过千把条枪，汪精卫答应的两千条枪卡住不发。"

周恩来说："别的事先搁一搁，纠察队究竟怎么处理？中央军部和湖北省委军部打算今天下午就调开，是抵抗呢还是——"陈独秀打断他的话说："抵抗，就凭那几条破枪怎么抵抗呀！"周恩来说："湖北省委要求快作决定，张太雷同志马上赶到。"

这时张国焘急忙说道："前一阵中央议论过工农武装编为正规军问题。我跟张发奎接洽过，他同意纠察队必要时到第四军去，只是……"周恩来说："有什么条件吗？"张国焘说："他说为了避免张

扬，一律换上便衣……”

蔡和森说：“这还不是等于解散!”陈独秀说：“为了维持国共合作，解散也在所不惜。”蔡和森说：“与其不明不白地解散，不如我们索性公开宣布自动解散。以消灭何键暴动的借口。”张国焘说：“转移到第四军去。”陈独秀说：“就这样决定吗？我们应该马上办个公函，出布告，明天见报，我们要抢先一步。”周恩来说：“纠察队的事，我去处理。”

二

武汉政府会议室，室内坐满了军政要人。朱培德带着李仲走进，给他安排在靠近会议室的角落坐下，然后拉开门，走入会议室。汪精卫宣读命令说：“任命张发奎为第四集团军第二方面军总指挥。”张发奎敬礼后坐下，

汪精卫接着念道：“任命贺龙为第二方面军第二十军军长。”贺龙把手一伸，慢慢站起来。贺龙说：“本师扩充为军，装配人员如何解决?”汪精卫说：“这个，军委会有决定，先装备一个师。”贺龙又进一步说：“我请问汪主席，对蒋介石如何处置？河南攻克之后本当继续北伐，反而回师武汉，汪主席有何打算？

汪精卫说：“贺军长提得很好，这正是此次会议议程。东征讨蒋，时机现已成熟，为此，唐生智为左路军，张发奎为右路军，两路大军沿长江两岸齐头并进，直捣南京。所有各部队，包括江西第五方面军朱培德所部，统归第四集团军总司令唐生智指挥。”

十五军秘书长凌璋忽然站起来说：“敝军军长连日患重伤风，不克出席，已向汪主席请假，并委托卑职转呈敝军上下的全体请求：如不与中共分开，不停止农工运动，本军不愿出兵东征，不愿

为中共东征。”

汪精卫以手制止了凌璋的诉说请求，但他不据理驳斥，仅仅虚张声势加以恫吓：“芸樵（何键的字）做事未免莽撞操切了吧，动不动通电全国，武人干政之风万不可长，等唐总司令回鄂再议。”

散会之后，汪精卫把刁铁民领到贺龙面前说：“中央党部派刁铁民特派员，到你们二十军去做党务工作。”贺龙不便当场拒绝，刁铁民热烈握手说：“我们认识的。”贺龙这才正眼瞧他说：“哦，是你，在贵州你找我派兵帮你押送过鸦片烟？这个地球真小，转来转去又碰上了。怎么当起党棍来了？”刁铁民当时的表情有种说不出的尴尬，于是他讷讷地说道：“军长还是很诙谐。”

等到汪精卫走进办公室的时候，张发奎已经坐在里面，汪精卫说：“向华（张发奎的字）有情绪？对东征没信心？”张发奎毕恭毕敬地立正说：“是对东征总司令唐生智没有信心。我们北伐刚进湖南，他的士兵还穿着写了佛字的背心，盘坐，拜神，搞迷信，他竟然后来居上！”

汪精卫摆了摆手，对于这个问题他不愿意深谈：“不要这样说话，要精诚团结嘛。”接着，又敷衍一句说，“向华，有兴致到庐山玩几天吗？”张发奎站起来冷冷地说道：“部下有事不能奉陪。”说完，立即匆匆而去。

7 月 15 日，汪精卫公开叛变革命，国民党中央执行委员会通过取缔共产党之议案。庐山朱培德公馆大厅里，小会客室里坐满了汪精卫的文武大员。四军参谋长进来。汪精卫说：“在第二方面军‘清党’问题，已成时局的关键！向华，大家对你的闲话很多呐。”

张发奎说：“我已经下过命令。叶、贺拒不服从，不能操之过急，万一激成兵变……”

朱培德老大不高兴地说道：“心腹之患不宜拖延。”张发奎顶撞说：“说话容易。叶、贺有三万之众。”李仲欠身转圜说：“诸公，照

兄弟愚见，这是解决叶、贺分子最好时机，可谓天时地利人和。九江地处通道，三面环水。叶、贺又没有水师，必要时我们可以借助外国军舰力量，逼其就范。”

张发奎站起来捋袖子说：“真要大打一场?”

“目前还不到这一步。”汪精卫示意张发奎坐到自己身边来，“我看，命令叶、贺部队向德安集中，请贺龙、叶挺上山开会。张总指挥、朱总指挥……”这时他的声音愈来愈小，大家都倾身侧耳听他说。

贺龙部队离开湖北之后，在九江庐山脚下驻防。贺长生赶来报告说：“报告军长，庐山来人。叶剑英参谋长和叶挺师长，请你马上去游甘棠湖。”于是贺龙接过马鞭，纵身上马驰去。

贺龙到了船上之后，叶剑英问他说：“你们去庐山开会吧?”贺龙说：“我不去。”叶剑英对叶挺说：“不去很好。希夷（叶挺的字）你当然也不会去。”

叶剑英因为激动而坐了起来说道：“他们想骗你们上山开会，在山下缴你们的械。”叶挺说：“张发奎命令我们部队向德安集中，原来是调虎离山之计。”贺龙说：“德安不去了，那……”他望望叶挺，又望望叶剑英，征求他们意见。叶剑英说：“部队开南昌。”贺龙说：“南昌?”

叶剑英说：“希夷说南昌要搞一个大动作。”贺龙兴奋坐起，头撞在船舱顶板上说：“好！开南昌。”叶剑英对叶挺说：“希夷，马上开，来得及吧?”贺龙连忙说道：“叶挺同志，你用我的车子，我随后就开。”

三

楼上会客室，只有周恩来、贺龙两人，贺龙手里拿着那份“南昌暴动计划”兴奋异常地说：“我终于等到这一天了，我完全听共产党的话，党叫我怎样干就怎样干。”周恩来说：“前敌委员会决定，起义总指挥请你担任。”贺龙说：“这么大的架势，我会不会误事?”

周恩来以坚定信任的目光注视着就：“前委还决定，派刘伯承同志跟你一道制订作战计划。”贺龙说：“感谢党对我的信任。”周恩来说：“你的军还缺一个师的编制，前委决定二十军新成立第三师。”贺龙急切地说：“那我推荐周逸群担任师长。”

贺龙、叶挺、朱德都在座。刘伯承说：“南昌城内的胜利是不成问题的，必须注意九江，吉安、赣州，东乡一带的敌人，动作必须迅速果断。”周恩来说：“要以迅雷不及掩耳之势……”周逸群进来说：“九江又来急电。”周恩来急忙拿过来念：“再次重申：前事宜慎重，等我到后再定。张国焘 7 月 29 日。”叶挺说：“来势不小，一天两道金牌。”周恩来把电报丢在桌上说道：“我们按原计划进行。”

刁铁民在贺龙的书房里准备劝说贺龙进行清党活动。贺龙手里也有一份电报，上面写着：“严令你部回师德安集中，一切不究。张发奎。”，他把电报放进口袋。刁铁民一旁劝说：“军座……我们千万不能一错再错，只要回师，当然可以既往不咎了。”贺龙说：“刁先生的意思?”

刁铁民说：“汪先生对军长是很器重的，前程远大，何止一个军长！军座要是不悬崖勒马，一味对抗，前途凶多吉少。”贺龙说：“直接说吧，怎么办?”刁铁民说：“马上采取行动。先全面‘清党’，再通电全国。”

贺龙说：“好，我们‘清党’。”刁铁民得意洋洋地说道：“最后五分钟定终身。”刁铁民从口袋里掏出一张名单，“这是全部中共党员的名单。”贺龙说：“我有。”

中华圣公会礼拜堂坐满了营级以上军官，刁铁民得意洋洋坐在前排，左顾右盼，审视四周。突然人们静下来，贺龙军容严正地和周逸群走进来。贺龙走上讲台，环视了一下才开口说：“从武汉到九江，

从九江到南昌，一直有人劝我‘清党’，我没有干。今天，我决定‘清党’了，刁先生，把那份名单给我。”

刁铁民不怀好意地瞟了周逸群一眼，走上台去把名单交给贺龙，却站着不走，傲然地扫视众人。贺龙把名单交给周逸群说：“是国民党员站起来。”几个军官怀着不安的心情站起来。贺龙说：“坐下。今天我就从刁先生‘清’起，来人，把他抓起来！”

刁铁民着急地说道：“贺军长。别误会，我是中央党部特派员。”

贺龙怒气冲冲地骂道：“老子抓的就是你这个特派员。”刁铁民说：“贺军长，我是国民党。”贺龙说：“就凭你是国民党右派，你是新军阀走狗！我宣布逮捕你，押下去！”

刁铁民边走边喊说：“我要到汪主席张总指挥那里去告你！”贺龙说：“他们认识我，我还不认识他们呢！”

刁铁民被带走之后，贺龙换了口气说：“弟兄们，蒋介石、汪精卫叛变了革命，国民党已经死了。我们今天要重新竖起革命的旗帜，反对反动政府，我们大家是在一块很久了的，我不做人家的干儿子！愿意跟我走的，我们一块革命，不愿意跟我走的，可以离开部队。我今后要听从共产党的领导，绝对服从共产党的命令。在座的国民党员听着，愿意革命的我欢迎，如果搞鬼捣乱，我贺龙的脾气你们知道，那可是六亲不认！”大家听完贺龙慷慨激昂的演说之后，激动地报以热烈的掌声。

系马桩前委会正在就南昌起义一事召开紧急会议。张国焘严肃地说道：“我以中央代表的身份，再次提醒你们，武装起义必须采取慎重态度，决不可轻举妄动。”恽代英说：“在九江我就直言拜上过，根本没有讨论的必要，你要坚持己见，动摇军心，我就打倒你！”

张国焘接着说道：“前途还是有的，说服张发奎参加起义……”不等他说完，李立三就严肃地说道：“你中汪毒太深了，张发奎受影响很深，而汪又是唐生智的新欢。”恽代英接着质问张国焘说：“在九江你去庐山见过张发奎，怎样！”

张国焘喟然长叹说：“晚了！”

恽代英说：“一切都晚了，陈独秀害了中国革命，两湖暴动晚了，武装回击反革命也嫌晚了，但是我们要有这个脊梁，中国共产党必须掌握武装，必须独立领导中国革命。”周恩来接着说道：“张发奎根本不会跟着我们走。”张国焘说：“我们总还可想办法。”谭平山老气横秋地说：“你再煽动军心就把你捆起来。”

张国焘仍在陈述起义的艰难，絮絮叨叨地说道：“我本来是支持的，为什么变卦？我反复考虑，我们还没有力量发动起义，我们太弱，情况又有新的变化……”

恽代英不等说完，怒不可遏地说：“出尔反尔！你开始对这个起义一万个赞成，要我们放手去干，短短几天，又要我们偃旗息鼓，但是经历痛苦的中国共产党人，握住刀枪，我们举起了刀枪，就决不会放下！陈独秀这个家长，压制下面意见，只知道搞好‘左派’关系是一切工作的中心。你要赶快摆脱陈独秀的影响！大家都不敢燃烧革命的火，中国革命还想不想成功！”

张国焘说道：“暴动照样举行，不发宣言，作为一次兵变。”这时贺龙推开门而入，他进来之后大声说道：“我反对兵变。过去人家总说我是土匪，现在我是干革命，又作为兵变，这算什么！”张国焘说：“贺龙同志，这是我们党的会议……”周恩来说：“不，我们应该听广大官兵的意见，贺龙同志，你说下去。”

贺龙接着面对张国焘继续说道：“我不是共产党员，你也不信任我，我还是要说心里话。张发奎给我的电报，催我清党，我跟着汪精卫，张发奎，可以升官发财，但半辈子经验告诉我，跟着国民党，我个人政治上没出路，整个军队也没出路，只有共产党才是劳苦大众的

救星，我铁了心跟着她走到底。”他掏出一张纸说，“这是我的入党申请书，我藏在心里很久很久了。周逸群是我的入党介绍人。”

谭平山说：“入党介绍人还有我。”贺龙恳切地注视周恩来，周恩来毫不犹豫地接过申请书，热情地握住贺龙的手说：“贺龙同志，欢迎你。”贺龙热泪流淌，大步走出。周恩来说：“你听到了吧，面对反革命的血腥屠杀，有人吓破了胆，而有的同志毅然投身革命阵营，你不感到这是一种力量吗？”

张国焘无奈地说道：“我再没有话可说了，提醒周恩来同志注意党的纪律，不要视作儿戏……”周恩来勃然大怒，猛地一拍台子，几只茶杯乒乓地响，他生气地说：“你再固执己见，我只有辞职，这违背中央派我来的精神！”片刻，与会的几个人突然盛怒大嚷说：“打倒他！打倒他！”

“特务营，捆起来！”谭平山大声喊道，“把他捆起来。”吴少新带着两个士兵应声而入。周恩来冷静下来，站起身来用手制止吴少新说：“不能捆，不能捆，他是中央代表。”

过了一会儿，周恩来激动地情绪终于平静下来，缓缓地说道：“我涵养差，对不住。革命绝不能半途而废，起义已经准备就绪，不能拖延，不能停止。我们盼望赤色旗帜飞扬，梦想共产花开，不干行吗？不能被敌人的气势吓倒！”

张国焘说：“天轰雷劈，我才清醒一些，发现我身上有一个极大的弱点。好，我少数服从多数。”刘伯承起立宣布说：“今天晚上开始，口令为河山统一，前委指挥部代号炮兵连。”周恩来上前握住朱德的手说：“你的工作环境很危险，千万注意安全。”朱德说：“放心吧。”两双大手紧紧地握在一起，这是出生入死的情谊，这是革命年代最纯正的兄弟关怀。

四

敌司令部楼上小客厅，秦副官在王均耳边小声嘀咕，王均脸色骤变，匆匆离座。王均想起什么，于是他吩咐秦副官说：“肖胡子也来。”张敏若无其事地跟着秦副官说道：“老兄，真缺德，三缺一”秦副官说：“共产党要暴动。”张敏说：“老兄开玩笑。”秦副官说：“那边都来人了。”秦副官匆匆把肖胡子等其他的人带出去。

王均对电话在喊说：“二十三团，我是司令，找卢团长，吃饭去了？谁请客？朱德。”扔下电话又摇说，“我是司令部，快接二十四团，找蒋副团长，不在？谁请客？朱德。”他把电话一扔，在座的人不约而同地嚷起来说：“圈套！上当了！”

王均坐下，煞有介事地说：“赵副营长，我委任你代理二十三团团长。”赵毓说：“不，不，不。”王均说：“我命令你立即返回，设法在三点以前稳住他们。”肖胡子说：“顶好把特务营调走。”王均说：“对对，肖胡子，我命令你带一团人包围江西大旅社，三点之前打响，共产党的首要都在那里。”姚湘莲拿过一把枪，交给赵毓：“我就喜欢男子汉。”赵毓略有思考，看了姚湘莲一眼，激动地持枪冲了出去。

系马桩前委会指挥部里呈现出一片超乎寻常的宁静，刘伯承把一个闹钟凑向周恩来的面前说：“下命令吧。”周恩来说：“提前起义，现在是两点，开始！”贺龙在接电话说：“是！”叶挺在接电话说：“是！”朱德在接电话说：“是！”

接到命令后，贺龙部队开始进攻。激烈的战斗中，敌人渐渐显露疲态，不断向后撤退，秩序顿时混乱。南昌城四处都响起密集的枪声。一队铁军冲入营房，打死哨兵，向里猛冲，杀声震天。敌军措手不及，

有的举手投降；有的衣服还没穿好就做了俘虏；有的且退且还击；不少士兵把枪支丢了逃命。几部电话先后响着，几个参谋一个一个不断向王均报告。一个参谋报告说："新营房投降。"另一个上来说："老营房被占了！"又一个上来说："贡院背被全部接管！"、"水观音突围不出，还在抵抗。"

王均骂道："都是孬种，听见枪响就拉稀……"刁铁民一头窜入，连呼说："军长，军长……"王均说："你是谁？"刁铁民说："我是中央党部的，我是从二十军逃出来的。"

王均说："哦，哦，那个姓赵的营长呢？"刁铁民说："人家早有准备。"王均说："那，那……你还能回去吗？"刁铁民说："我有他们口令。"王均急道："快说！"刁铁民开口说了一个"河"字，张敏猛地从旁冲出，连发数枪，将刁铁民打倒在地。敌兵也朝张敏开枪，张敏倒地。姚湘莲吓得双手抓起自己的头发。王均抓住刁铁民，提起他的身子，急问；"口令，口令呢？"

刁铁民脸上血肉模糊，无力回答。秦副官慌张窜入说："他们打进来了。"王均说："关上大门！死守！去顶住！"王均方寸大乱，在

◎南昌八一起义纪念馆中的浮雕

黑暗中大叫说："传令警卫团死守，每人赏银元一百元，顶到天亮，救援部队就要来了。"

一挺机枪在水观音亭边向湖对面扫射，叶挺站在机枪后面进行指挥。只见对面一群敌军争先恐后夺路逃走。机关枪猛烈扫射。敌军纷纷落水。传令兵把电话筒送到贺龙手里，电话里传来周恩来的声音说："全城基本解决了，你那里有困难吗？"贺龙说："没困难。"

贺龙放下电话说："吴营长，马上带人掩护双喜占领鼓楼，一定要把这个制高点拿下来！"接着贺龙从周逸群手里拿过一面旗帜说："双喜受旗。"双喜走出队列。黑姑身束腰带，她不声不响站在双喜旁边。贺龙说："把这面红旗插到鼓楼上去！"于是，得到命令的吴少新、双喜各自带着队伍离院而去。

双喜和战士们搭起人梯翻墙。鼓楼守敌居高临下，向墙外下界射击。一队农军抬来几根粗圆木，猛烈地撞击高墙。不一会儿，高强倒塌了一大片，吴少新用机枪向鼓楼扫射。鼓楼守敌极度惊慌，纷纷转身还击。双喜等在瓦房屋顶火力掩护下，趁势跃进。黑姑、长生紧紧跟上，不时向敌司令部大院射击，掩护双喜。

英勇的双喜穿过敌人猛烈地火力封锁线，跃进鼓楼里去。就在这时，鼓楼上面射下一阵弹雨，双喜猛地扑地不起。黑姑连一秒钟也没犹豫，接过双喜手中的红旗，把身子贴着地面，滚身而进。鼓楼守军支持不住，倒下、夺路逃命。黑姑、长生进入鼓楼底层，藉墙壁掩护向上射击。

黑姑上楼，贺长生跟上为她掩护。黑姑和战士们再上一层楼。贺长生又跟上，中弹，滚下楼梯。从鼓楼上射来的子弹，把敌司令部门口的机枪手打倒，机枪哑了。同时，几发炮弹把门墙打塌，贺龙率部冲入。起义军冲进，展开肉搏。黑姑在顶端插上红旗，鸣枪示威。士兵们仰望红旗，欢声雷动。小牛踏进鼓楼，发现长生，向贺龙喊说："军长，军长！"贺龙走近长生，长生掏出他写的入党申请书，说：

“云卿贺龙，字云卿，我连名字也不会写……”说着，他用大拇指蘸着伤口的鲜血，在那张纸头上按上手印。小牛难过地失声痛哭。

周恩来在圣公会礼拜堂和吴牧师谈话，他身边站着小英和几个比她大点的孩子。周恩来说：“你将来就凭这个去找我，要好好保存。有困难吗？”吴牧师迟滞地开口，但都只说了半句说：“你们在哪里，何年何月才落脚，兵荒马乱，人难保天年……”

周恩来对这半截子话完全理解，他沉重地说：“我们总是要建立根据地的，这点你放心。至于我，可能会牺牲，有同志会继续战斗下去，党会存在，也可能还会犯错误。但党总会找到正确的路线。可能还有失败，但党会胜利，人民会胜利。”吴牧师点点头，把小英拉到自己身边。

战斗结束后，黑姑趴在双喜身上放声大哭。这时，姚湘莲提着箱子，从院内走了出来。原来，她打算通过鼓楼的缺口溜出去，这时正

◎《南昌起义》电影海报

好与抬头的黑姑相视。多年不见，一下子都认不出来，既感迷惘，又有惊愕。姚湘莲镇定下来说："黑姑！"黑姑习惯地应道："小姐。"姚湘莲依然是过去时不容分说的命令口吻："首饰箱子拿着，走！"

黑姑习惯地接过皮箱木然地跟着她走出大门。出了门后，姚湘莲发现一匹散缰的马，于是疾跑几步翻身上马，打了几鞭，马驰骋起来，准备向远方跑去。这时，黑姑惊醒了，她扔下手饰箱，取下枪，单膝跪下，从容不迫地瞄准，扣动扳机。只听一声枪响过后，姚湘莲翻身落马。

贺龙让卫兵给自己中华圣公会院内的绿呢大轿淋上了煤油，然后亲自点燃它。火烧起来了，周恩来从礼拜堂走出来看着说："贺老总，这把火烧得好！八一起义胜利了，这是武装革命反对武装反革命打响的第一枪，虽然南下途中遭受了挫败，但由此而创立了工农红军，把中国革命推进到新的阶段，为人民的解放事业开辟了灿烂的前景。"

南昌起义，是中国共产党直接领导的带有全局意义的一次武装暴动。它打响了武装反抗国民党反动统治的第一枪，宣告了中国共产党把中国革命进行到底的坚定立场，标志着中国共产党独立地创造革命军队和领导革命战争的开始，反映了共产党创建人民军队的开始。

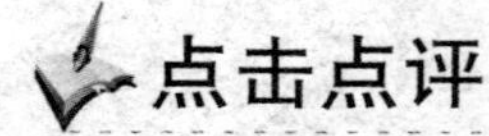

点击点评

史实结合艺术·真实刻画

《南昌起义》是一部记录性历史的故事片，它恰到好处地把握住了人物塑造与史实描述、历史真实与艺术虚构的关系，艺术地再现了南昌起义这一震惊中外的历史事件。所以，同时它又是一部史诗式的革命历史题材作品。

影片具有相当浓烈的“时代真实感”。它取材于真实的历史事件，并且出现的人物大都是有案可查的真实人物，其中有正、反面的高级领导人，也普通的士兵和工农群众。为了营造出能有“身临其境”的环境氛围，影片所选择的道具、景色和人物的服装装扮都有一定的时代特征，从而使影片更加真实可信。

艺术贵在真实。影片坚持了实事求是的创作原则，对周恩来、贺龙、朱德等革命家作了符合历史的艺术描写，不夸大，也不贬低他们的作用，令人可亲可信；难能可贵的是，对陈独秀、张国焘、谭平山等人的刻画，并没有因为他们后期背离革命，而有意掩盖或丑化他们在历史上的表现，而是实事求是都地反映了他们当时各种的面貌。

回望精彩

团部里坐满了营级以上军官。刁铁民得意洋洋地坐在前排，左顾右盼，审视四周，突然人们静下来，贺龙军容严正地和周逸群走进来。贺龙走上讲台，环视了一下才开口说：从武汉到九江，从九江到南昌，一直有人劝我“清党”，我没有干。今天，我决定“清党”了，刁先生，把那份名单给我。刁铁民不怀好意地瞟了周逸群一眼，走上台去把名单交给贺龙，却站下来不走，傲然地扫视众人。贺龙把名单交给周逸群，说：“是国民党员站起来。”几个军官怀着不安的心情站起来。贺龙说：坐下。今天我就从刁先生“清”起，来人，把他抓起来！刁铁民急了说：“贺军长。别误会，我是中央党部特派员。”贺龙说：“老子抓的就是你这个特派员。”刁铁民说：“贺军长，我是国民党。”贺龙说：“就凭你是国民党右派，你是新军阀走狗！我宣布逮捕你，押下去！”

◎《南昌起义》连环画

刁铁民边走边喊说："我要到汪主席张总指挥那里去告你！"贺龙说："他们认识我，我还不认识他们呢！"刁铁民被带走。贺龙换了口气说："弟兄们，蒋介石汪精卫叛变了革命，国民党已经死了。我们今天要重新竖起革命的旗帜，反对反动政府，我们大家是在一块很久了的，我不做人家的干儿子！愿意跟我走的，我们一块革命，不愿意跟我走的，可以离开部队。我今后要听从共产党的领导，绝对服从共产党的命令。在座的国民党员听着，愿意革命的我欢迎，如果搞鬼捣乱，我贺龙的脾气你们知道说：六亲不认！"众报以热烈的掌声。

这一片段生动形象地表现出贺龙疾恶如仇、刚烈果敢、雷厉风行的个性及坚定的救国救民的决心。

星光：汤晓丹

汤晓丹，中国近代著名导演。1910 年 2 月 22 日出生于福建华安。代表作品有《南征北战》、《红日》、《渡江侦察记》、《南昌起义》。其中《渡江侦察记》于 1957 年获文化部 1949~1955 年优秀影片一等奖，并获个人一等奖。1979 年导演的《傲蕾一兰》获文化部 1979 年优秀影片奖。1983 年导演的《廖仲恺》获 1985 年第五届金鸡奖最佳导演奖。

汤晓丹在革命战争题材影片的拍摄方面成绩卓著，他善于场面绘画，也精于人物刻画。他的作品分别以史诗性的场面、惊险刺激的情节和生动饱满的人物形象赢得广泛赞誉。

秋收起义

我们就是要上井冈，寻找立足点。只要队伍不散，红旗不倒，我们这块小小的石头，总有一天会甩出去，打破蒋介石的大水缸

——毛泽东信心百倍地鼓励战士们不要放弃革命

影片档案

拍摄年份：1993 年
黑白 / 彩色：彩色
出品：潇湘电影制片厂
编剧：周康渝、骆炬、黄德明
导演：周康渝
摄影：张建中、张岳夫
主演：王　霙　饰演　毛泽东
刘法鲁　饰演　张国平
李永田　饰演　余洒度
王　茜　饰演　闫灵芝
姚　刚　饰演　卢德铭

荣耀

荣获 1993 年度“五个一工程”优秀故事片

历史背景：秋收起义

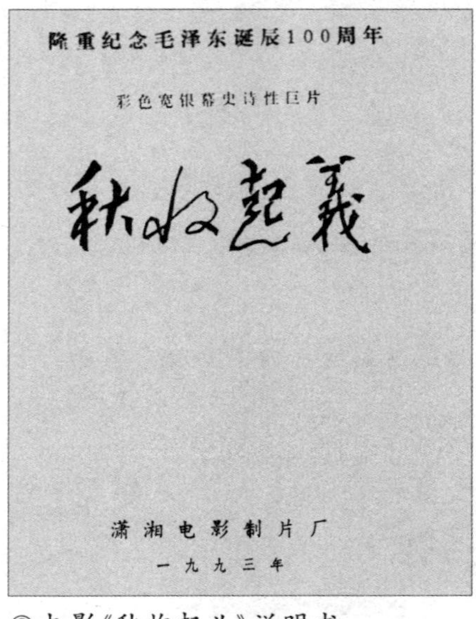
隆重纪念毛泽东诞辰100周年

彩色宽银幕史诗性巨片

秋收起義

潇湘电影制片厂

一九九三年

◎电影《秋收起义》说明书

秋收起义，指1927年中国共产党在湖南、江西两省边界地区领导的武装起义。1927年4月和7月，国民党蒋介石、汪精卫集团先后背叛革命，国共合作的大革命失败。中国共产党于8月7日在汉口召开紧急会议，确定土地革命和武装起义的方针。随后，湘鄂赣粤等省农民在党的领导下起义。

9月初，毛泽东将湘赣边界地区的工农武装和国民革命军第二方面军总指挥部警卫团共约五千余人，合编成工农革命军第一军第一师，11月举行起义。起义受挫后，部队沿罗霄山脉南下，于10月转战至井冈山，开始创建中国共产党领导的第一个农村革命根据地。

人物：卢德铭

◎卢德铭

卢德铭（1905–1927）四川宜宾人，字邦鼎，号又新，又名继雄。1924年加入共产党。黄埔军校第二期毕业。后留校任政治部组织科科员，曾参加东征。1925年11月起，先后任国民革命军第四军叶挺独立团连长、营长，第七十三团参谋

长等职务。

1927 年 9 月参加领导湘赣边界秋收起义，任总指挥。9 月 25 日起义军向井冈山进军途经江西萍乡芦溪山口岩时，在作战中牺牲。

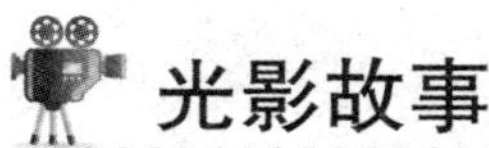

光影故事

一

1927 年，正当北伐战争取得节节胜利之际，蒋介石却突然背叛革命举起屠刀，疯狂屠杀共产党员和进步人士。各地的反动派纷纷跟随蒋介石的反革命脚步，开始残酷地杀害共产党员和农会积极分子。

中国共产党在共产国际的帮助下，于 8 月 7 日召开了具有历史意义的中央紧急会议，批判了陈独秀的右倾机会主义错误，最后通过举手表决的方式确定了实行土地革命和武装反抗国民党反动派的总方针，并且决定委派毛泽东前往湖南组织秋收武装暴动。

湘东荒凉的山峦，毛泽东身背蓝布包，手握纸伞，风尘仆仆地从远处走来。他步履匆匆地在湘东大地走着，心里满怀着对革命的向往。想到革命，他不由得紧握拳头，心里默默地念叨着："我毛泽东投笔从戎，扯旗放炮，一定要干他一个天翻地覆！"

毛泽东在张家湾一个简陋的课堂主持召开了军事会议。他将当地的工农革命军领导召集起来，和大家一起商量秋收暴动的情况。最后经过大家商量，毛泽东庄严地宣布前敌委员会决定成立工农革命军第一军，第一师，下设三个团，秋收暴动时间为 1927 年 9 月 9 日。

出生富贵之家的阎灵芝在共产党的领导下全身心投入到革命运动当中。她的父亲闫仲甫是国民党反动派的忠实走狗，正是他带领着民团将当地的农会积极分子和共产党员全部残忍地杀害了。闫灵芝为了和反动家庭断绝关系，将自己家的东西发放给附近的农民，并带领农会积极分子将自家的房子一把火烧光。当闫仲甫得知是女儿带着人分了自己家的财产并烧了房子的时候，气得暴跳如雷，将女儿绑了起来，准备杀害。

毛泽东在革命军三团党代表潘心源、警卫员陈志安的接应下前往工农革命军第三团。在路上，毛泽东被告知通往铜鼓镇的必经之路是张家坊。而此时张家坊地区被杀人如麻的反动民团司令闫仲甫把持着，潘、陈二人叮咛毛泽东要小心。当他们三人快走到张家坊的时候，他们看到民团在地头蛇闫仲甫的监督下，挨个搜查过路行人。

毛泽东一行三人假装普通百姓的样子向哨卡走去。刚要通过，闫仲甫一把揪住毛泽东，凶神恶煞地问道："留这么长的头发干什么?"毛泽东风趣地回答道："我是生意人，经常走南闯北。头发长了，下雨的时候可以挡风遮雨；艳阳高照的时候可以遮太阳。"

毛泽东风趣而又机智的回答让闫仲甫抓不到把柄，只好将毛泽东放了过去。当查询到陈志安的时候，陈志安谎称自己是挑夫。听到这话，狡猾的闫仲甫转身掀开陈志安衣领，看看他的肩膀，他冷笑着说挑夫肩膀上连印记都没有，于是一挥手命令团丁将三人押走枪毙。

弯曲的山路上，几个团丁押着毛泽东等"嫌疑犯"前往刑场。毛泽东向陈志安要过几块光洋，放进一个团丁口袋，说道请多多关照。得到团丁默许后，他忽地跳下沟坎，扑进树丛中。潘心源也乘团丁混乱时指挥乡亲四处散开。枪声紧随着疾速奔跑的毛泽东，眼看就要被追上，他机警地跳下被茅草壅塞的水沟，蹲在泥水中。

搜捕的乡丁赶到小河边，就在毛泽东藏身的茅草丛旁边搜寻着。任凭刺刀、梭镖在身边戳、刺，毛泽东都纹丝不动。等到暮色昏昏，没有动静了，毛泽东探头看看，确信乡丁已经走远，险情已过，他看

着自己一身污泥，摇摇头笑了。

铜鼓镇工农革命军第三团结集地，团长苏先骏，正着急等着中央特派的秋收起义委员。这时打探消息的人回来报告没有毛委员的消息，这时几个赤卫队员押着浑身泥土的毛泽东走进团部驻地。毛泽东告诉苏先骏自己是毛泽东，苏先骏勃然大怒地训斥着那几个赤卫队员说："他是秋收暴动最高领导！"

9月9日近在眉睫，铜鼓镇一片沸腾。被解救回来的闫灵芝正带领着同志们扎标语，绣红旗，制红巾，缝袖标。革命军、赤卫队员们摩拳擦掌，准备在即将到来的秋收起义中大显身手。在新兵征集处，毛泽东见到了正在闹事的"烂皮萝"。

"烂皮萝"是无父无母的孤儿。他到处流浪，受尽人们的白眼。富人叫他"穷鬼"，穷人更是叫他"烂皮萝"。当征兵处的工作人员问他为什么要当兵的时候，他告诉征兵处的工作人员，自己当兵就是为了报仇，杀掉那些看不起自己的人。

当毛泽东听了他的事情之后，不仅收下他当兵，还给他起了个好听的名字：蓝顶天，意思就是让他做个顶天立地的人。这时一个吹唢呐的少年也找到了这里，于是毛泽东也将他收留到部队里，并且为他起名冬生。

隆隆的爆炸声揭开秋收暴动序幕。工农革命军攻下白沙，毛泽东指挥苏先骏带领三团冲锋陷阵，最终胜利拿下礼陵并且占领萍乡。战士们士气高涨大有攻占长沙之势。毛泽东高兴地欣然疾书：

军叫工农革命，旗号镰刀斧头，

匡庐一带不停留，要向潇湘直进。

地主重重压迫，农民个个同仇。

秋收时节暮云愁，霹雳一声暴动。

二

由于没有正确认识到敌强我弱的形势，加上国际共产主义代表一味要求进攻的错误指令，工农革命军损失惨重。当时的困难局面是：工农革命军第一团从江西修水出发，向长寿街进攻，9 月 10 日占领了平江县龙门厂。由于师长余洒度刚愎自用，对土匪邱国轩不加审查地加以收编，没想到邱国轩临阵反戈进攻二团，致使二团腹背受敌，损失惨重。而第一团路过金坪攻打长寿街时邱部突然袭击，致使一团腹背受敌，损失 200 多人，步枪 200 多支，团长钟文璋失踪，一团被迫向浏阳转移。

屋漏偏逢连夜雨，就在三团攻占白沙重镇后，闫林芝在战斗过程中将闫仲甫从马上打落到地，准备按纪律处置，然而在闫仲甫的哀求

◎油画：《秋收起义》

下，闫灵芝不忍心将其处决，私自将他放走了。被放掉的闫仲甫立即跑到城里向国民党反动派通风报信。

当毛泽东知道情况后连忙命令队伍撤出白沙。此时，国民党反动派在闫仲甫的带领下来到白沙，然而已人去楼空。国民党将领骄横地说："毛泽东进攻得很迅速，撤退得也很迅速啊！"殊不知，这正是毛泽东的战略转移。就在部队转移过程中，三团遭受沿途敌军的包围，虽然经过拼死搏杀之后冲出包围，但仍减员严重。

闫灵芝伤心欲绝，准备单枪匹马去找闫仲甫报仇。毛泽东当即喝止住了她，严厉地说道："不要逞匹夫之用。难道我们革命队伍损失得还不惨重吗？"这一句质问犹如当头棒喝，将闫灵芝敲醒，她羞愧地认识到自己的错误，打消了这个错误的念头。

第二团在安源起义后，进攻萍乡未克，西进攻占了老关、醴陵，又北进占领浏阳。由于领导麻痹轻敌，陷入敌人的重重包围，部队被打散，仅有少数战士不成建制地突围出来。

第三团于 9 月 11 日在铜鼓起义，胜利占领了白沙镇，9 月 12 日又占领东门市。9 月 14 日敌人兵分两路包围第三团，三团在毛泽东的带领下被迫向上坪撤退。

这一连串的打击使毛泽东心头蒙上浓浓的阴云。看着疲乏的部队和牺牲的战友，毛泽东一挥手："赵冬生，吹！"悲怆的唢呐声掠过树梢直冲云霄，一直伴着队伍向远方退去。

想到国际共产主义代表"进攻"的命令和眼前溃败的队伍，毛泽东陷入沉思。工农红军的去向和发展问题萦绕在他的心头，久久不能散去。到底如何重新将打散的队伍拉拢起来？工农红军怎样在强敌如林的中国生存并发展壮大？这都是横亘在毛泽东面前的大问题。

文家市正是秋高气爽的时节，卢德铭、余洒度率一团和毛泽东在此会师。卢德铭非常高兴能与毛泽东相遇，大有一种相见恨晚的感觉。而余洒度因为盲信邱国轩而导致马失前蹄，又主动撤退，所以心里憋了一肚子气，与毛泽东第一次见面期间就吵吵嚷嚷要再举兵攻打长沙。

毛泽东没有立即反驳他，只是事实求是的分析道："我们对于敌人的强大程度认识不够，总认为敌人是纸老虎，所以在战斗中有些大意而吃了亏。再加上农民群众被反动派打压怕了，他们不敢也不能起来反抗，所以导致我们失去人民群众基础。这些不利因素都告诉我们不能和敌人硬碰硬地开战。"

里仁学校大教室，前委会为下一步行动展开了激烈争论。毛泽东强调敌我双方势力悬殊，不能强攻，只有站稳脚跟，保存实力，把红旗树起来才有出路。余洒度、苏先骏和众多赤卫队员，革命军战士对毛泽东放弃长沙的决定极为不满，批驳毛泽东是"违抗中央命令"、"胆小"、"逃兵"。

一时间怀疑、刁难等重重压力一起逼向毛泽东。虽然卢德铭同余洒度等人展开激烈辩论，但是以余洒度为首的一群人仍然要求进攻长沙。在此情况下，毛泽东以"伞靠骨干来支撑"的通俗比喻向大家讲道理。他说雨伞之所以能撑开挡风遮雨，就是因为有一圈伞骨在四周支持着伞面，如果没有了伞骨的支撑，那么伞也就没办法撑起来了。

通过这个生动浅显的例子，他告诉大家，在没有群众基础的这种情况下发动暴动是非常危险的，这段时期工农革命军处处被动挨打的根本原因就是因为没有群众基础。

面对余洒度的疑问，毛泽东紧接着又以"叫花子和龙王比宝"进行比喻，向大家说明问题。他说："虽然我们工农革命军和赤卫队员分布广泛，但是我们的整体实力比起国民党来还差得远，所以说我们

现在不是讨论“龙王和龙王比宝”的问题，而是“叫花子和龙王比宝”的问题。”他的一席话，生动精辟地讲出了工农革命军和国民党反动派的优劣比较，赢得了在家的广泛赞同。

此时在闫仲甫的引导下，国民党追剿部队步步逼近文家市。大敌当前，情况紧急。9 月 19 日毛泽东召开前委会议，决定先撤往萍乡。乡亲们拽拉着战士的衣襟，不让他们离去。有些乡亲们担心工农革命军走了之后，国民党反动派又会开始大肆屠杀共产党人和革命群众，一时间人心浮躁，士气低落。

于是毛泽东诚恳地告诉大家：“我们的队伍就是为了解放天下穷苦老百姓，我们现在的撤退只是战略上的转移。我们大踏步地撤退正是为了以后有力地前进。”他满含深情地向大家许诺一定还会回来的。

在毛泽东深情地解释下，人群才慢慢平静下来。为了鼓舞士气，

◎图为参加秋收起义的部分人员在延安合影

毛泽东让闫灵芝带领宣传队员们唱起了“暴动歌”。在“暴动，暴动，我们来暴动”的歌声中，乡亲们依依不舍地送别工农革命战士们，老乡们拉着毛委员的手送了一程又一程。

撤退，部队究竟撤向何方？又一个难题摆在毛泽东的面前。毛泽东知道靠共产国际纸上谈兵的指导是无法成功的。因为中国的实际情况不同于俄国，中国人民的革命意识不同于俄国人民的革命意识，中国的革命时期不同于俄国十月革命时期，所以不能按照俄国的革命经验在中国的实际情形下死板硬套。

毛泽东考虑将队伍从城市战移到农村，由“硬碰硬”式的进攻转为“游击型”的战略防御。所以他想带队伍去敌人力量相对薄弱的山区，而不是反动势力猖獗的城市。此时的毛泽东已经在开始酝酿“农村包围城市”战略方针了。

行进过程中，伍中豪等人向毛泽东请教部队该开往何方。毛泽东摊开地图，用大手直指罗霄山脉：“到敌人统治力量最薄弱的地方去，建立苏维埃，开展武装斗争和土地革命，像俄国的列宁，在世界的薄弱地方开展革命，原则是一样的。”大家高兴地称赞这是个好主意。

这时有人疑惑地问道：“如果中央领导不同意怎么办?”毛泽东淡淡说道：“这些压力我都考虑过了。大不了就是丢官，坐牢，掉脑袋。现在关键的问题就是我们在走一条从来没有走过的路，一条符合实际情况的路。”众人对毛泽东为革命抛头颅的奉献精神赞叹不已。

三

行进过程中，余洒度和苏先骏对于毛泽东的行军路线有所怀疑，并且一再强调要带人去攻打长沙。当苏先骏来请示毛泽东部队要开往

何处的时候，余洒度看出毛泽东准备带领队伍上山。他想自己堂堂的黄埔生怎能让他带上山当“草头王”，心中极为不满，并喝令士兵原地休息以表示抗议。

卢德铭着急地跑过来批评余洒度：“现在这个地方不适合隐蔽，将战士们暴露在敌人的攻击范围之内是非常错误的。”他督促余洒度赶紧把大家带到安全地带。

听到这话，余洒度没好气儿地说道：“那你告诉我到底什么地方是闻不到火药味安全地带，是尼姑庵，还是什么其他地方?”卢德铭生气地说：“你要是实在想打萍乡，那就去打好了。”余洒度恼火地说让愿意攻打萍乡的站起来，这时稀稀拉拉地站起来几个人。

看到这个情况，余洒度肺都快要气炸了。他生气地骂道：“平时不是吵吵嚷嚷地要打仗嘛，现在怎么都软蛋了。”这时苏先骏站起来命令三团士兵站起来集合，但是只有寥寥几个人站了起来。余洒度又让武昌警卫团的人站起来，这时许多人站了起来。

眼看着辛辛苦苦聚拢起来的队伍就要分崩离析，卢德铭一声怒吼：“是共产党员的就坐下!”这一声吼镇住了所有人，那些刚刚站起的战士们也开始明白了问题的严重性，纷纷坐了下来。这时，接到报告的毛泽东走了过来，笑着说：“还是党比枪大。”就这样，这场兵变被卢德铭的一声怒吼和毛委员的一句话化解过去了。

部队避敌强势，在山林急速行军，不料又遇敌伏兵。面对突如其来的紧急情况，看着身边这支疲惫不堪的队伍，毛泽东再也挺不住疟疾的折磨，病倒了。卢德铭扶着毛泽东躺上担架，果断地命令战士掩护毛泽东先行撤退，自己则率警卫连去接应与敌遭遇的先头部队。

卢德铭端起机枪，率战士们组成一道攻不破的防线。敌人在山口遇到卢德铭的严密防守，一时没办法突破。然而这时候苏先骏告诉卢德铭，对面的队伍是自己的手下，卢德铭立即命令停止射击。敌人趁

◎卢德铭雕像

着这个间隙加大了攻击力度，一下子将卢德铭辛辛苦苦构筑的防线撕裂开来。

卢德铭气愤地问苏先骏到底是怎么回事。胆怯地苏先骏连忙推卸责任说不是自己的责任。敌人的攻势越来越凌厉，卢德铭知道守不住了，于是他端起机枪命令其他战友撤退。最终因为寡不敌众，卢德铭总指挥为革命事业流完了最后一滴血后英勇牺牲。

大雨倾盆而下，毛泽东带领部队来到一个小农庄避雨。他命令士兵在房檐下避雨，不要叨扰乡亲。此时潜伏在山庄的一个敌特分子从楼上扔下一个炸弹，眼疾手快的蓝顶天赶紧将毛泽东推进屋内。一声巨响过后，蓝顶天倒在血泊中牺牲了。大家悲痛地哭作一团。

正所谓“福无双至，祸不单行”，正当毛泽东为蓝顶天的牺牲伤感悲哀的时候，赵冬生哭哭啼啼地跑来汇报：“警卫连全部战死，卢总指挥……”赵冬生难过地说不下去了。

毛泽东接过警卫员送回的卢德铭的遗物之后仰天长啸，双泪纵横地责问苍天：“老天你有眼无珠，我要你还我德铭！”突然之间他拔出警卫员的手枪指向苍天说道：“德铭兄，我为你送行！”清脆的枪声在山谷回荡，也久久回荡在人们的心头。

赵冬生着急地跑过来告诉毛泽东余洒度准备枪杀逃跑士兵。毛泽

东连忙跑过去阻止道："我们革命军队与旧军阀的根本区别就是他们这些人可以自由参加。我们不能用旧军阀的那套来对付他们。"余洒度一听此话，火冒三丈："我堂堂黄埔军校毕业生竟然被你说成是旧军阀，你要做好人就自己做，出了事你要负全部责任。"说完，他恨恨离去。

毛泽东忙让人放开那些被绑士兵，并给他们每人发放 3 块大洋作为路费。这些士兵非常感动，声泪俱下地向毛委员诉苦说自己也不想逃跑。一个排长说自己母亲病危，他向余洒度请假不允，无奈之下出此下策。

另一个人说余洒度和苏先骏随意辱骂、责打士兵，自己受不了才跑的。另外一个人说当官的克扣粮饷，他们当官的吃肉，让普通士兵吃野菜杂粮。毛泽东听了以后感慨良深，觉得必须对队伍中这些旧军阀的不良习气予以纠正。

经过漫长的行军，队伍到了莲花城西南。毛泽东得到情报称莲花城防守薄弱，只有几百正规军和闫仲甫的民团在此驻防。为了鼓舞士气，毛泽东命令主动迎战莲花城的驻军。在毛泽东的指挥下，革命军大获全胜。闫灵芝单枪匹马前去击毙了恶贯满盈的闫仲甫。这个双手沾满革命战士鲜血的刽子手终于得到了他应有的惩罚。

9 月 29 日，起义部队到达永新县三湾村时已不足千人，而且官多兵少，部队思想混乱，组织纪律性差。当天晚上，毛泽东召开了前敌委员会，会议根据部队当前的实际状况，同时也为了应付复杂的斗争局面，决定对部队进行改编。在改编中过程中，余洒度被免职，改编入军官队任普通干部（仍保留前委委员职务）。

数百名战士簇拥着毛泽东，整顿改编给部队带来一片生机。面对大家渴望的眼神，毛泽东意气风发地说道："我们就是要上井冈，寻找立足点。只要队伍不散，红旗不倒，我们这块小小的石头，总有一

◎秋收起义纪念碑

天会甩出去，打破蒋介石的大水缸!”毛泽东的演说铿锵有力，精辟详实，一下子点燃了大家对美好未来的无限向往。

然而，余洒度因为自己被撤职而心怀不满，再加上不愿“钻山沟”，过艰苦的生活，于10月12日，以向湖南省委请求汇报工作为借口，伙同苏先骏逃离部队。逃跑过程中，二人被卫兵发现，毛泽东大度地派警卫班护送他们两人离开。

高昂的唢呐曲调随部队坚实的步伐悠悠扬扬地飘向罗霄山脉。毛泽东手捧瞿秋白辗转千里相赠的洋烟，深深地呼吸着山野的清新空气说道：“秋白，洋烟好抽，可洋书不大好读啊。我们眼下最要紧的，还要借助马列指南，读懂中国这本无字天书……”

毛泽东看着大家无精打采的样子，于是让赵冬生用唢呐吹上一曲。只见赵东升一骨碌爬上树，叉腿坐在树杈上振奋精神吹出一曲慷慨激昂的乐曲来，在悲壮的乐曲声中，战士们士气振作起来，他们团结在毛泽东的周围，向着前方前进，前进！前进！

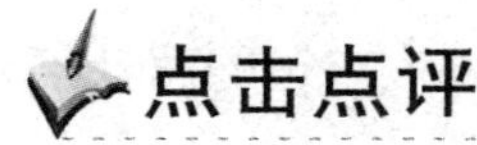

点击点评

性格对比·视觉冲击

本故事讲述了“八七会议”以后，毛泽东在长沙领导秋收起义的故事。影片重点讲述了秋收起义失利以后，毛泽东审时度势，顶住各种压力，大胆提出到敌人统治力量最薄弱的地方去开展武装斗争的故事。

◎《秋收起义》电影海报

导演在影片中多次采用对比的表现手法艺术，通过将余洒度、苏先骏等人的刚愎自用、贪生怕死等懦弱性格与毛泽东、卢德铭等人的谦虚谨慎、勇敢顽强的优秀品质进行对比，从而凸显出真正共产党员的优良作风。

摄影师通过湘南水乡的水车、潺潺的流水、巍峨的高山等色彩斑斓的自然景色的烘托作用，将国民党反动派的残酷杀戮的血腥画面展现出来，从而让观众有一个强烈的视觉冲击。正是通过这种视觉感官上的强烈对比，使观众对于反动派的丑恶罪行认识得更加深刻。

回望精彩

毛泽东带领军队往井冈山山区转移的时候，场面显得非常压抑。

毛泽东看着一个个士兵士气低落地从旁边走过，赶紧让赵冬生吹响一曲唢呐。一声高亢的拖长音之后，那慷慨激昂，催人奋进的悲壮声音响彻云霄，久久地萦绕在观众心头。

导演没有运用电闪雷鸣、狂风暴雨之后太阳等预示胜利的镜头，而只是选取了这一看似普通实则内含深刻的唢呐，没有过分的张扬，恰到好处，点到为止，使观众的心情由低落慢慢回升，可谓一波三折。

星光：王霙

王霙，国家话剧院国家一级演员，曾在多部影视作品出演青年时期的毛泽东，代表作有《秋收起义》、《井冈山》、《开天辟地》、《日出东方》、《我的长征》等。

拍摄《秋收起义》时，由于身体过胖不符合当年毛泽东的实际情况，为了符合角色的要求，王霙咬着牙减肥，每天只吃少量的水果，体重从 84 公斤掉到了 70 公斤，最终符合了身体标准。

王霙研读了大量的领袖原著、传记、传奇和回忆录，翻阅了相关的历史资料，希望能在学识学养、精神气度上与一代伟人更接近。拍戏过程中，还挤出时间到伟人当年生活战斗过的地方亲历一番，耳濡目染以积累更直观、更深刻的感受。

百色起义

自下而上，先从各县扩充农军，健全组织，开展武装斗争，打垮豪绅民团势力，形成右江各县连成一片，包围重镇百色……

——邓斌为百色起义指明了方向

影片档案

拍摄年份：1989 年

黑白 / 彩色：彩色

出品：广西电影制片厂

编剧：候育中、朱旭明

导演：陈家林

摄影：刘建魁、蔡小鹏

剪辑：吴光灿

主演：卢　奇　饰演　邓小平

郭绍维　饰演　俞作柏

于德安　饰演　俞作豫

唐汤民　饰演　李明瑞

张玉春　饰演　雷经天

程文宽　饰演　张云逸

孙其龙　饰演　韦拔群

许道临　饰演　蒋介石

荣耀

《百色起义》荣获广电部1989—1990年度优秀影片奖，第十届中国电影金鸡奖最佳男主角奖。作为一部反映重大革命历史的鸿篇巨制，它为建国四十周年献上了一份厚重的大礼。

◎百色起义纪念馆

人物：邓小平·李明瑞

邓小平

邓小平（1904—1997）马克思列宁主义者，中国无产阶级革命家、政治家、军事家、外交家，中国共产党、中国人民解放军、中华人民共和国的主要领导人，邓小平理论的主要创建者。

邓小平原名邓希贤，四川广安人。1904年8月22日出生。1920年参加旅欧中国少年共产党（后改为中国社会主义青年团旅欧支部），

1924 年转为正式党员。

1929 年邓小平同志远赴广西化名邓斌，担任中共广西前敌委员会书记。在此期间，由他主持并发动了百色起义，并且创建了红七军和右江革命根据地，出任红七、红八军政委和前委书记。

李明瑞

李明瑞（1896—1931）广西北流人，原名瑾瑞，号裕生。1918 年考入云南讲武学校韶州（今韶关）分校炮兵科学习。北伐战争时，任国民革命军第七军旅长、师长、副军长。

1929 年起李明瑞任广西绥靖司令兼国民党军整编第十五师师长，广西编遣分区办事处主任。同年 12 月和次年 2 月，参加领导了百色起义和龙州起义创建了左右江苏区，任红军第七、第八梁军总指挥。1930 年加入中国共产党。

历史背景

1929 年夏，广西形势的变换，为中国共产党在该地区的创建红军提供了有利条件。俞作柏主政广西后，想借助共产党的力量在广西开创一个新的局面。中共中央和广东省委抓住这一机会，相继派出邓小平、贺昌等 40 余名党员干部赴广西，与广西的共产党员雷经天等人一起，积极开展革命工作。很快，共产党人掌握了一定的军事权力，广西的共产党组织和农民运动迅速恢复发展起来。

1929 年，共产党派邓小平等在广西百色领导起义。10 月上旬，俞作柏和李明瑞通电响应张发奎的反蒋行动，结果失败。俞作柏出走香港，广西形势恶化。11 月底，广西前委决定在广州起义两周年纪念日在百色举行起义，建立红军第 7 军，并将广西前委改为红 7 军前委。

◎《白色起义》电影海报

12 月 11 日，前委在百色召开大会，宣布警备第 4 队等部起义。起义部队改编为红军第 7 军，军长张云逸，政治委员邓小平，并且决定起义于 12 月 11 日发动，参加起义的有广西警备第四大队、教导总队和右江农军。起义后，部队改编为中国工农红军第七军，张云逸任军长，邓小平任前敌委员会书记兼政委，并成立了以雷经天为主席的右江苏维埃政府。

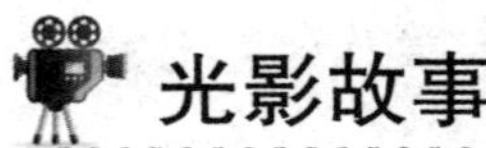

光影故事

一

1929 年，蒋桂战争爆发，双方对峙于湖北长江一带。同年 4 月，由于俞作柏策动前线指挥官李明瑞阵前倒戈，新桂系全线溃败，李宗仁、白崇禧和黄绍竑相继出亡香港，南方形势出现了错综复杂的变化。

蒋介石坐在大办公桌后面，批阅公文。侍从室副官郑介民轻手轻脚地走进办公室举手敬礼，毕恭毕敬地说："校长，介民奉命来到！"蒋介石少见地露出一丝笑意，说："介民，坐，坐嘛。"郑介民挺胸端坐，双手扶膝。蒋介石说，"你这次参加倒桂活动做得蛮不错，我是满意的，满意的。"郑介民说："全靠校长运筹帷幄，亲自指点。"

蒋介石说："这次又派你出任广西，是我亲自指定的，知道吗？"

郑介民起身说道：“感谢校长栽培，学生……”还没等他说完，蒋介石就打断了他的话：“俞作柏这个人过去是高唱亲俄亲共的，并不安分。你要严密监督他们的行动。李明瑞是个将才，举足轻重，都不能掉以轻心。”

郑介民谦卑地说：“学生一定尽力！”蒋介石说：“有什么事情，可以直接向我报告嘛。”郑介民挺身站起来说：“是！”

邓小平推门进了一间陈设简朴的小屋，放下手中的糯米饭团，动作麻利地为自己冲了一碗茶，然后就拿起饭团子很有滋味地吃起来。他翻看了一下报纸，接着又放下，走到地图前查看着。“小平！”周恩来推门走了进来。邓小平起身相迎，唤道：“恩来！”周恩来说：“准备好了吗？”

邓小平指着墙上的地图笑说：“我已经准备好了。这不，我已经旅行一大圈啰，不过，只是神游。”周恩来把带来的书刊材料交给邓小平说：“六年前我到过广西，山清水秀，民风淳朴，就是偏远闭塞些。眼下虽然是俞作柏邀请，可那里形势还很微妙，你人地生疏，困难是可以想见的。”

“是啊，情况复杂……”邓小平点燃一支香烟，率直地说，“我干起来恐怕只能相机行事了。”周恩来打量了一下邓小平说：“我能理解你的困难。”邓小平点点头：“我想到广西后就用邓斌这个名字活动。”周恩来赞赏地说道：“好嘛，文武相济，大有作为！”

周恩来目光深沉地望着比自己年轻的学友和同志，动情地说：“小平，我们在法国时就情同手足，共同奋斗，我了解你，这次你只要大胆谨慎，多谋善断，抓住时机，我相信你是能在广西开创出一个新局面的。”邓小平神色坚定地点了点头。

南宁邕江北岸小渡口，雷经天、龚鹤村和俞作豫引颈眺望着江面，一叶小舟缓缓向岸边划来，站在船头的邓斌发现了岸上的人。小船靠岸，俞作豫和雷经天忙迎上去。邓斌敏捷地跳下船，龚饮冰随后。雷经天和两人握手说：“我是雷经天，都喊我雷大胡子。”邓斌说：“我们是同庚，1904 年生人。”雷经天一听不禁惊奇地“噢”了一声，接着介绍说：“这是俞作豫同志。这是龚鹤村同志，公安局长，您就暂住他那里。”

龚鹤村说：“住我那儿稳当。哪个野猫敢来舔老虎鼻梁。”邓斌风趣地说：“只是别关我的禁闭啊。”大家听着都轻快地笑了起来。

俞作柏正为邓斌接风洗尘，作陪的有李明瑞和俞作豫。俞作柏不动声色地问说：“邓先生，今日之中国，内战不断，争夺纷繁，究竟谁能得益?”邓斌侃侃言道说：“军阀混战，战火连年，受害者，中国民众；渔利者，帝国主义列强。那些你杀过来我打过去的大小军阀，不过是前台演员。为政者如不看清这一点，跳出军阀混战的圈子而想得益，不过是黄粱一梦罢了。”邓斌停顿了一下，深沉地说，“只有使民得益者，己方能得益啊。”

俞作柏说：“我何尝不想为民众做些有益的事?可广西地瘠民穷，黄绍竑丢下一个烂摊子，府库空虚，社会混乱，眼看薪饷都要发不出了，可还有人趁火打劫……”俞作豫见俞作柏欲言又止，干脆快人快语捅破说：“不就是有人往你耳朵里灌风，说共产党要打倒你!”李明瑞急忙制止说：“豫弟!”邓斌从口袋里掏出传单，直言不讳地说：“是嘛，传单上就是这么写的。”

俞作柏看了看李明瑞，想不到邓斌竟如此率直。“不过，这不对嘛。我就不赞成!”邓斌说着，将传单揉作一团，扔到一边，略带讥讽地说：“奉劝那些人还是不要在这上面做文章为好。”俞作柏端详着邓斌问道：“就不知你们共产党里谁说了算?”

“我!”邓斌直截了当地说：“在广西我说的算正式的。当然，民众，包括我们党内一些同志对蒋介石反动派的义愤，我想俞主席也是

能够理解的。不过，我可以负责任地说，对于真诚的朋友，我们共产党人是以诚相待的。俞主席这次请我们来广西工作，大家都在一条船上，要是把船弄翻了，我邓斌也逃不脱挨淹啊！”

俞作柏有些不好意思地笑笑。李明瑞说：“听说邓先生在冯玉祥将军的军队里做过政治工作？”邓斌说：“那是刚从苏联回来，“四一二”以后，就被礼送出境了。”李明瑞看了看俞作柏高声说：“他礼送，我们欢迎！”俞作柏也说：“对，欢迎。”邓斌赞许地点点头，举起酒杯说：“好，为我们的真诚合作，干一杯！”俞作柏也大声说道：“为同舟共济，干！”俞作柏一饮而尽，又为邓斌斟上一杯，问道，“邓先生，你对广西时局有何高见？”

邓斌放下筷子，扳着手指分析说：“概括起来十二个字：先倒桂，定广西，求发展，再反蒋。倒桂已告成功，现在就需要利用这个有利时机，积极发展自己的力量。”俞作柏说：“可目前的广西，内忧外患，危机四伏，我这个省主席不好当啊。”邓斌说：“是啊，蒋介石派了个钦差大臣郑介民坐镇南宁。李宗仁、黄绍竑也没有偃旗息鼓，随时想卷土重来，国民党的其他派系也在大肆活动。南宁不算大，倒确实热闹得很啊！”

李明瑞迫切地问道：“依邓先生之见？”邓斌说：“我们家乡人常说：管它红中白板，先把屁股坐稳当再讲。”俞作柏说：“有道理。”李明瑞钦佩地点了点头，对俞作柏说：“邓先生讲得好，我看当务之急是部队的整训，要加紧进行！”

不久，邓斌主持党内会议，他说：“……农代会开得很好，各县代表回去以后要充分发动农民，健全农会组织，建立农军。兵运方面，要选派更多的同志到军队中去，发展党的组织，多吸收新党员。抓住这两头，这盘棋就越下越活，直接掌握武装……”

话未说完，冯达飞神色紧张地说：“编遣公署特务连突然包围了

◎人民美术出版社1982年出版的连环画《百色起义》

公安局。”龚鹤村说：“来者不善！”雷经天说：“真舔老虎鼻梁来了！”龚鹤村走到窗前，拨开窗帘往下望去说：“郑介民的副官带来的，是个黄埔生，我去顶一下。”

一排持枪的黑衣警察拦在门里，神色惊惶。一整排士兵端着上刺刀的步枪，还架着两挺轻机枪，气势汹汹。曾副官骑马立在街心，掏出怀表看了看，大声向特务连长下令说：“给我冲进去！”龚鹤村从门里大步走出来，镇定地问道：“干什么？”曾副官翻身下马走上前来。

龚鹤村盯着他笑问说：“曾副官，这不是大水冲到龙王庙来了，为什么？”曾副官盛气凌人地说：“龚局长，兄弟奉命前来搜查，请包涵。”龚鹤村说：“是俞主席还是李主任的命令？”曾副官说：“是政治部郑主任手令。”龚鹤村说：“对不起，没有俞、李二公手令，谁也不能进我公安局胡作非为！”

曾副官拉下脸来说：“既然如此，先礼后兵。今天叫搜也要搜，不叫搜也要搜！李连长，给我缴械，胆敢反抗，格杀勿论！”李连长猛地从盒子里抽出双枪，咔嚓一声顶上火，大吼道说：“放下武器！闪开！”士兵们也都举枪瞄准，场面一触即发。十几个警察面对强敌，面面相觑，眼看要交枪让路。

就在这危急之际，冯达飞突然跃步扑到曾副官身旁，左手勒住他的颈项，右手用枪抵住他的太阳穴，怒不可遏地喊道说：“谁个敢动，

我就先敲了他的沙罐!”

龚鹤村意在拖延时间，倒显得轻松地拍着白手套说：“曾副官，这才叫先礼后兵，我公安局人手虽少，可也不是吃斋的!”说话间，一辆黑色轿车疾驰而来，两边踏板上站着四个卫士，“吱”的一声在门前刹住。李明瑞怒气冲冲地走出来，扫眼一看，厉声说：“闹什么名堂？都把家伙收起来!”双方服从地收起武器，不敢出声。

这时，曾副官抢先一步，敬礼报告说：“李主任，据报暗杀俞主席的刺客躲在公安局……”“荒唐!”李明瑞瞪了他一眼，“公安局不缉拿刺客，反而窝藏?”龚鹤村上前敬礼说：“报告李主任，这完全是捕风捉影，颠倒黑白，事实上正是公安局在全力缉捕李黄余孽。”

李明瑞不作正面回答，严厉地看了双方一眼说：“政局初定，军警两方本应齐心协力，维护社会安宁。如此兵戎相见，闹得人心惶惶，成何体统！都给我马上撤走!”说完昂首走进大门。龚鹤村跟了进去。邓斌见到李明瑞说：“多谢裕公亲自解围。”李明瑞说：“事出意外，实在照料欠周。公安局并不安全，就请邓先生屈驾暂住敝寓吧?”邓斌笑道说：“盛情难却，多谢了!”说着，他们立即向外走去。

蒋介石靠在睡椅上，似乎闭目养神，郑介民在一侧垂手侍立，不敢出声。蒋介石睁开眼斜睨了郑介民一眼，坐直腰，不悦地说：“广西叫我失望呀！释放政治犯，启用共产党，私自扩充队伍，建立警备大队，现在公然支持农运，滥发枪支，这不是明目张胆对抗中央，搞赤化嘛!”郑介民惶然说：“学生无能失职，辜负校长栽培，非常……”

还没等他讲完，蒋介石就站起来说道：“讲这些没有用的！一定要赶快解决。”郑介民小心建议说：“可否调陈济棠鲁、涤平两路夹击，趁俞李羽毛未丰……”

“不行！不行！”蒋介石打断他的话，挥手说道，“不能逼俞李铤而走险，要抓住要害，在黄权、吕焕炎、杨腾辉这三个师长身上下工夫，没有军队他就成不了大事。”蒋介石忧心忡忡地说，“现在，西北方面冯玉祥阎锡山虎视眈眈。南方张发奎附从汪精卫谋反中央，蠢蠢欲动，湘赣边境朱毛又死灰复燃，真是多事之秋。所以，对广西要力争，要叫俞作柏明白，他只有听命于中央才混得下去。”郑介民说：“是，学生牢记教诲。”

这时，蒋介石走了几步又回过头来，叮嘱说：“记住，逼俞李就范，要在钱字上下工夫，钱！钱能通神！”

二

1929 年 10 月 1 日，俞作柏、李明瑞在南宁举行反蒋誓师大会，宣布就任南路讨蒋军正副总司令，广西军政形势风云突变。一个漆黑的夜晚，陈豪人在昏黄的电灯下与张云逸密谈。李谦推门急步走进屋焦虑地说：“又来电话了，敦促四大队做好上前线的准备，怎么办？”

张云逸看看陈豪人，沉稳地说：“老陈刚刚带来了邓斌同志的指示，要千方百计把部队留在南宁。”陈豪人补充说：“邓斌同志一再说，抓住兵运和农运，下一步我们就可以放开两脚朝前跑。这就要靠你们了。”

李明瑞从容镇定地审视着作战地图。卢明珠疾步进来敬了个礼：“报告，截获敌电。”李明瑞说：“讲！”卢明珠说：“蒋介石任命吕焕炎为广西省主席兼第八路讨逆军副总指挥，免去……”

“无耻！”俞作柏猛击桌面，手里的铅笔折成了两段，大骂道，“吕焕炎，这个黑良心的狗杂种，算我瞎了眼，来讨逆吧！来讨我个……”看了看卢明珠，他总算没有骂出口。卢明珠吐了吐舌头，转身退下。俞作豫走进屋劝说：“七哥，值不得生气，表哥早就说过这种人不可靠！”

李明瑞说：“只要蒋介石给钱，他连祖宗都会卖。”俞作柏懊恼地摇摇头，少顷又亢奋地大声说道：“马上把五个警备大队都编入黄权建制，开赴前线！”俞作豫说：“张云逸不是向你面陈过，队伍刚训练三个月，还不能拉上前线吗？”俞作柏说：“现在不是叫人拉走了一个师吗？”俞作豫说：“都拉上前线，南宁怎么办？”李明瑞沉吟了一下，审慎地说：“是欠妥。”俞作豫见状忙建议说：“反正南宁也要留队伍，不如就让张云逸率领，留守后方。”

李明瑞见俞作柏投以征询的目光，首肯说：“行。张云逸老成持重，办事稳妥，在队伍中又有威望，就委他为南宁警备司令，以免后顾之忧。”俞作柏说：“就这么定吧。”俞作豫松了口气，感激地看了李明瑞一眼，只见他双眉微蹙地说：“我担心杨腾辉……他至今按兵不动，如果他也有变……”

俞作柏觉得有理，忙问参谋说：“柳州接通了吗？我要亲自和杨腾辉通话。”参谋说：“电话中断，电报也联络不上。”这时陈豪人匆匆走进来说：“俞主席！刚刚获悉，杨腾辉通电拥护中央请俞、李下野，蒋介石已任命他为第四编遣公署主任……”俞作柏站不住了，身子摇晃起来。俞作豫忙扶他坐下：“裕生，怎么办？”

李明瑞神色严峻，没有出声。俞作柏说：“只剩下黄权这个师了，他要……”李明瑞冷静地说：“我马上去桂平一趟。”俞作豫立即反对道：“不行！情况不明，实在是非常危险！”李明瑞苦笑，喟然长叹一声说道：“这是最后的机会了。”

随着“立正，敬礼”的号令声，李明瑞手执马鞭，走进黄权师部，黄权忙迎上去说：“裕公！”李明瑞开门见山地问说：“威远，南宁的命令收到了吗？”黄权说：“收到了。”李明瑞说：“那为什么还不行动？”黄权说：“眼下的形势您比我清楚，我就真是老虎头，也不能往狮子嘴里送呀。”

李明瑞耐心地开导说：“威远，飞机大炮军舰，你我不是没见过，多少次面对强敌，冲锋陷阵，转败为胜，你就忘了？拿出当年北伐的气概，为主义舍生忘死，我们就一定能打败陈济棠，打倒蒋介石！”黄权说：“裕公，眼下军心不稳，黄权无能，恐难负此重任。”

正说着，一个参谋匆匆跑上报告说：“广东的飞机又来轰炸了！”李明瑞欲走到窗前观看，黄权急忙上前拦护着他说：“裕公，危险！”随着几声炸弹爆炸声，窗外不远处升腾起一阵烟雾，传来了士兵惊乱的喊叫声。黄权对沉思不语的李明瑞表白说：“裕公，但有一线希望，我能不听你的吗？这仗实在没法打了呀！”

这时卫士长走进来，在李明瑞耳边悄声说了几句。只见他血涌上头，额角青筋暴起，脸色陡然一变，逼视着黄权说：“你我情同手足？”黄权惊恐地往后退了一步，连声诺诺说：“我一向视裕公如父兄。”李明瑞说：“你真是想为我保住队伍？”黄权说：“一片忠心，上可对天，下可对地。”

“无耻！把你屋里的光洋搬出来！”李明瑞再也压不住内心的憎恶，怒不可遏地将太师椅一拎，“哐”的一声掷向墙角。“哎呀！”黄权一声惊叫，急忙闪躲，他的卫士立即持枪拥进护住他。“你们要干什么？滚！”李明瑞怒视，吓得黄权的卫士慌忙退下。他瞥了黄权一眼，痛心疾首地说，“想不到你和吕焕炎、杨腾辉一样，几个臭钱就把你打倒了！”黄权还欲分辩。

李明瑞痛心地挥挥手，稍稍平静地说："人各有志，老虎头，我只可惜你这一员猛将，半世英名！竟不愿为人愿做狗！"说完他猛一转身走了出去。

俞淑仪跑进来通报说："阿爸，表叔回来了！"俞作柏精神稍振，忙冲到花厅门口，迎着走进来的李明瑞，激动地叫了声："裕生！"一行热泪潸然淌下。李明瑞也很激动："表哥！"俞作柏感系万千地说："你可回来了！"李明瑞悲哀地说道："要不是共产党人以死相救，你我兄弟就只能相逢于来世了。"

李明瑞动情地说，话锋一转，"听说表哥要免张云逸的职。"俞作柏说："你不在，没和你商量。"李明瑞问："为什么？"俞作柏叹了口气说："我只能让自己人掌握队伍了。"

"自己人？而今这个世界谁算我们自己人？吕焕炎？杨腾辉还是黄权？"李明瑞说着激愤难抑地站起身说道，"什么信义，什么袍泽之谊……都不如光洋、条子和港币，这旧军队我算看透了！"

俞作柏带着内疚地挥挥手劝慰说："过去的就别提了，我们重打锣鼓另开张。"李明瑞痛心地反省说："当初要听共产党一句，何至于此！"俞作柏颓然坐到椅子上。杨副官走了进来："报告，邓先生来了。"俞作柏心绪不安，为难地看了看李明瑞。李明瑞急忙说道："快请！"

李明瑞吩咐完杨副官，转脸对俞作柏解释说："我已经把免张云逸的命令取消了。"

俞作柏松了口气，连声赞同说："好！好！"邓斌在俞作豫陪同下走进花厅，他一见俞作柏立即热情地伸出了手："俞主席！""邓先生！"俞作柏握住邓斌的手，看了一眼旁边绷着脸的胞弟，懊悔地说，"真是悔不当初呀……"

邓斌大度地一笑说："过去的事情就不用再提了。现在黄权的十五师已直逼南宁，我们决定派俞作豫同志率五大队护送俞主席去龙州。”俞作柏感动了，连声说：“谢谢！谢谢！”转脸对俞作豫和解道：“豫弟，原谅我太糊涂。”俞作豫握着哥哥的手说：“七哥，也怪我太冲动了！”

10 月 14 日，俞作豫率领第五警备大队陪同俞作柏、李明瑞离开南宁前往龙州，俞作柏旋即转赴香港。李明瑞决定留下来。

三

10 月 17 日，邓斌亲率军火船队，离开南宁，溯江而上。而此时张云逸率领警备四大队和教导总队大部官兵由陆路掩护船队开往百色，威武雄壮地踏上了新的征途。10 月 20 日，邓斌、张云逸率领部队到达桂西重镇百色，全力投入起义前的准备工作。

邓斌正主持召开前敌委员会第一次会议。张云逸、陈豪人、龚鹤村、李谦和袁任远在座。张云逸正在发表讲话：“……关于整肃部队，各连尽快建立士兵委员会的议案，一致通过了。对于极少数拒绝改造、旧习不改的旧军官，我看可以采取礼送出境的办法，不伤和气。”邓斌赞同说：“很好，毕竟跟我们来一趟百色，也不容易了。”众人纷纷表示赞同。

邓斌看了张云逸一眼说：“下面我提一个建议，近日恩隆奉议的豪绅民团，依仗熊镐闹得很凶。砸农会，强征税捐，甚至于暗杀农会干部。是不是从四大队抽调 300 名士兵，由李谦、冯达飞同志率领，下乡村宣传我们的主张，发动群众，训练农军，杀杀豪绅民团的威风。”

张云逸也看了他一眼说：“300 名？差不多一个营了。”邓斌风趣地伸出三个手指，“这也是为扩充队伍做准备，一箭双雕。今日借你

300，明日还你3000，这个生意划得来哟！”张云逸笑道：“这么一说，是划得来！我赞成。”陈豪人说：“最后一个议案，也是最要紧的，关于起义的安排部署，请大家议论。”李谦愣愣地打头炮说：“首先不要再打国民党的旗号，赶紧改旗换装！”

袁任远说：“不错，士兵们普遍存在这种心理。改旗换装有利于振奋民心，越快越好。”龚鹤村笑道：“不过暂时披着这身老虎皮，旧瓶装新酒，避免引起敌人注意，有利于各项准备工作的进行。”陈豪人补充道：“我看对各县人事委派，政令施行，右江督办的四方大印还是很起作用的。”

张云逸理理胡子说：“这么说，我这右江督办暂时还不能下台。”龚鹤村笑道说：“还要再抖几天督办大人的威风呢！”几个人望着张云逸一阵好笑。邓斌点燃一支烟，这才有条有理地说：“自下而上，先从各县扩充农军，健全组织，开展武装斗争，打垮豪绅民团势力，形成右江各县连成一片，包围重镇百色……”

继消灭三大队和恩隆、奉议两县民团武装之后，邓斌、张云逸又指挥部队配合农军攻占东兰，连克凤山、奉议恩隆、恩阳、果德、思林、向都、镇结等县，革命风暴席卷右江地区，造成了武装割据的局面，为百色起义奠定了坚实的基础。

战斗开展得非常顺利，最后农民军冲上县政府楼顶拔掉国民党旗，插上犁头红旗。在后方的指挥室内，邓斌在地图上某处画了一圈，与张云逸相视而笑——红水河畔。

正是在红水河畔，农军把旧县府的木牌猛掷于地，韦拔群摸须大笑，他兴高采烈地挂上“东兰县革命委员会”的新木牌。只见一块块旧县府的木牌纷纷被摘下，或被踩裂，或被砸碎……

蒋介石略显烦躁地看着地图，他用红铅笔在桂西右江地区画了一个圈，随手打了个大的惊叹号，掷笔于桌，转身看看毕立不动的郑介民说："我早就嘱咐过！俞作柏反复无常，过去就接近苏俄共党，在广西要特别注意赤祸蔓延。"

郑介民连连自责说："都是学生没把事情办好，学生无能。""江西尚未解决，广西又赤化了一片！"蒋介石看了看懊丧的郑介民，不觉轻轻地叹了口气。问道，"李明瑞在哪里？"郑介民说："俞作柏出走香港后，他滞留龙州。"蒋介石警觉地瞥了郑介民一眼，忧心地说："要是共产党把他拉过去，那就如虎添翼，遗患无穷啊！"

郑介民小心翼翼探问道："校长的意思……""拉住他。"蒋介石果决地说，"只要他不上共产党的船，过去的事可以一笔勾销。军长，省主席，还有钱都可以给他！李宗仁、黄绍竑卷土重来，再次拥兵作乱，抗命中央，固然要解决，但是我们的心腹大患是共产党，共产党！找他，要派人去找他，把我的话传给他。"

俞作豫高兴地说："表哥，好消息，邓斌同志来电，请你尽快去百色，共商大计。""共商大计？我……"李明瑞百感交集，"我也正想找他。"

只见百色起义的前委指挥室内，四张方桌接成的长桌两边，分坐着张云逸、龚鹤村、雷经天、韦拔群、黄治峰、袁任远、李谦、李朴、冯达飞和覃日昌等四个士兵代表。龚鹤村说："请大家举手表决。"代表们一致举手通过决议。龚鹤村扫眼一看，严肃宣布道，"前委扩大会议一致通过，决定12月11日广州起义两周年纪念日，举行百色起义，建立红七军。"

龚鹤村看了看邓斌，接着说："下面中央代表、前委书记邓斌同志有件提案，请全体代表议决。"邓斌点燃了一支香烟，慢慢说道："这件事不仅有关起义，而且还牵涉到红七、红八军的将来……"代表们全都聚精会神地看着他，等待着。邓斌神情庄重地说，"我建议任

命李明瑞将军为红七红、八军总指挥。”所有的代表都愕然地睁大了眼睛，会场上顿时鸦雀无声。

刚刚来到的李明瑞一身军装站在窗前，作为非党员，他未参加这次重要会议。

“报告！”韦副官走了进来，双手呈上字条，“邓代表给将军的。”李明瑞略显困惑地打开字条，上面写着十六个工整的钢笔字：“精诚所至，金石为开；快乐事业，莫如革命。”

李明瑞立刻明白话中之意，抬起头来，望着庭院中那几株已经猩红夺目的雁来红，心潮澎湃。

邓斌站在桌前，慷慨激昂地大声说道：“同志们，我不想多讲他在北伐时的赫赫战功，在南宁时为我党所做的工作，也不想谈他做人的品德。我只想讲一件事情，不久前，蒋介石还派国府高参颜德忠携带巨额支票和委任状，委任李明瑞为广西省政府主席兼十五军军长，硬是想把他拉过去！”

人们听后一阵窃窃私议，神情已由惊讶变成敬佩。

◎百色起义纪念碑

李明瑞站在院子当中，手里还握着那张纸条，心里重复着有生以来，他第一次看到并感受到分量的八个字："快乐事业莫如革命，快乐事业莫如革命……"忽然，他听见前面正厅里传出一阵鼓掌声。只见会场上，代表们眼光里流露出钦佩和振奋，举起右手。龚鹤村庄重宣布："前委扩大会正式通过邓斌同志提案，任命李明瑞同志为红七红八军总指挥……"

1929 年 12 月 21 日，广州起义两周年纪念日，中国红军第七军在百色宣告成立，第二天，由雷经天担任主席的右江苏维埃政府也宣告成立。百色起义胜利成功。

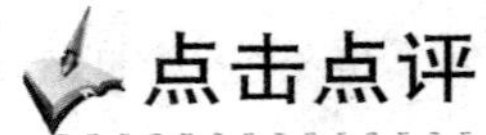

点击点评

历史巨片·红色经典

《百色起义》是一部反映中国革命的历史巨片，生动真实地再现了二十世纪二十年代，发生在广西百色地区的一场伟大的革命斗争。它把纷繁复杂的革命历史清晰详尽地展现在银幕上，既表现了在白色恐怖下残酷的斗争形势，更突出了以邓小平为首中国共产党人的无私无畏的斗争精神与革命精神，以及巧妙果断的斗争策略。

作为中国红色经典电影的代表作，影片不是将人物为电影发展的主要线索，而是将事件作为影片表现的主线；不是将人物塑造得如何高大完美，而是追求历史的真实和再现。

在表现历史时，影片的编导者遵循了历史唯物主义的原则，不是将人物为电影发展的主要线索，而是以社会历史的发展为主线，极力

追求历史的真实和再现，对矛盾复杂、头绪众多、事件纷繁、人物庞杂的史实，做到了理丝有序、详略得当，比较准确地把握住了那个时代的气氛。从而真实地再现了这段鲜为人知的历史。

回望精彩

《百色起义》有一种恢弘庞大的气势，热烈昂扬的情绪。因此，精彩的片段也是接连不断、随处可见，现在就让我们顺着流动的文字来再次回味一下精彩的银屏故事。

本片中，俞作柏在受到蒋介石的百般挤兑后，想借张发奎等地方军阀纷纷起来反蒋的形势，也起来反蒋，从而摆脱蒋介石的控制，自立为广西的土皇帝。当他把这个打算告诉邓小平时，邓小平马上指出："虽然各地军阀纷纷反蒋，但根本谁都顾不上谁，蒋介石在力量上仍占优势，如果公然反蒋，只会输掉老本"。而俞作柏一意孤行，所以他认为共产党在广西的活动也要转移方向。此时中共中央正受左倾错误的影响，广西的某些党员认为，干革命就要轰轰烈类，如果到山沟沟里去，"扔颗地雷都听不到"。

针对着这种情况，邓小平说："干革命不是为了一时的冲动，我没有翻天覆地，颠倒乾坤的本事，到我知道八个字——随机应变，实事求是！"后来有同志提出，如果不按照党中央的指示，这个责任由

◎人民美术出版社1997年出版的连环画《百色起义》

谁来承担？邓小平又一次站出来："我是党派到广西的代表，这个责任由我承担！"

邓小平审时度势，为广西革命指明了道路，又敢于承担责任，充分展现了一代伟人的超凡智慧和博大的胸怀和气度。

星光：陈家林

陈家林，1943 年生于南京。1955 年因主演影片《罗小林的决心》开始了电影生涯。1979 年开始担任导演，代表作品有：《鸟岛》、《飞来的仙鹤》、《谭嗣同》、《末代皇帝》、《百色起义》、《努尔哈赤》等电影。

陈家林善于驾驭复杂的剧情和人物关系，尤其对拍摄历史巨片情有独钟。他擅长把纷繁复杂的历史线索和人物个性熔于一炉，使作品既厚重深沉，又简洁凝练，张弛有致，引人入胜。

《百色起义》把纷繁复杂的革命历史和主要人物的个人命运巧妙地结合起来，给人耳目一新的感觉。影片前半部重复描述邓斌面前的错综复杂的斗争形势，纪实的手法，叙事简洁明了。影片后半部激情地描绘了如火如荼的工农群众大革命的斗争场面，气势磅礴，排山倒海，描绘出壮丽的史诗画面。观看这部电影，今天我们依然可以感受到大革命年代热烈而又真实的气氛，从中感到到大美与崇高，达到一种精神的升华。